ABRÉGÉ

CHRONOLOGIQUE

DE

L'HISTOIRE

UNIVERSELLE.

En dépit des rigueurs du temps et du destin,
J'éternise les dits et les faits des humains,
Et quiconque me fait, vivra dans le passé,
Instruit dans le présent, pour l'avenir formé.

ABRÉGÉ

CHRONOLOGIQUE

DE

L'HISTOIRE

UNIVERSELLE,

Par M. LA CROZE.

REVU, CONTINUÉ ET FORT AUGMENTÉ

Par M. FORMEY.

SEPTIEME ÉDITION.

A laquelle on a ajouté un ABRÉGÉ *Chronologique des* ÉPOQUES *des Inventions & des Découvertes, des Arts & des Sciences, avec une Carte géographique de l'ancien Continent.*

A BRUXELLES,

Chez B. LE FRANCQ, Imprimeur-Libraire,
rue de la Magdelaine.

1791.

AVERTISSEMENT DU LIBRAIRE

SUR CETTE NOUVELLE ÉDITION.

CETTE septieme Edition originale a été encore bien augmentée & améliorée, sans que le Public en fût chargé, & néanmoins l'Ouvrage conserve toujours la forme d'un Livre classique & élémentaire.

Nous y avons rectifié la marche & la liaison des faits. Nous avons ajouté l'Histoire de quelques Etats modernes qu'on avoit oubliée ; continué les successeurs des Maisons souveraines, & les changements qui y sont survenus depuis 1780, & ajouté plusieurs évènements arrivés depuis ce temps, qui sont la suite naturelle de l'Histoire.

A cette Edition, nous avons ajouté une Chronologie des Inventions, des Arts & des Sciences, depuis la plus haute Antiquité jusqu'à nos jours, aussi succincte qu'il a été possible. C'est un Abrégé de l'Histoire des Arts & des Sciences, &, pour ainsi dire, l'Histoire de l'Empire de ceux qui se sont appliqués à augmenter la masse du bonheur que la Nature a accordé à l'humanité. C'est le pendant du Tableau qui précéde, & la médaille au revers.

Nous y avons ajouté une Carte géographique de l'ancien Continent, c'est-à-dire, de l'Europe, de l'Asie & de l'Afrique. Il nous a paru que c'est encore un moyen de mieux imprimer, dans la mémoire des jeunes gens, les idées des faits que l'Histoire a tracés ; c'est aussi la bonne maniere d'étudier l'Histoire, la Carte géographique à la main.

TABLE

DE L'ABRÉGÉ CHRONOLOGIQUE DE L'HISTOIRE UNIVERSELLE.

VIII. PÉRIODE.

SECONDE PARTIE.

TROISIEME PARTIE.

Fin de la Table des Articles.

PRINCIPES

PRINCIPES
GÉNÉRAUX
DE L'HISTOIRE.

1. *Qu'est-ce que l'Histoire?*
C'est un recit des choses qui se sont passées dans le Monde.

2. *Que faut-il savoir pour acquérir une connoissance suffisante de l'Histoire?*

Il faut savoir les principes de la Géographie, qui enseigne la situation des lieux où les choses se sont passées, & ceux de la Chronologie, qui est la Science des temps.

3. *Comment divise-t-on l'Histoire.*

On la divise ordinairement en *Histoire sainte* & en *Histoire profane*. La premiere est contenue dans les Livres sacrés de l'ancien & du nouveau Testament; & la seconde, dans tous les autres Monuments de l'Antiquité.

4. *Comment divise t-on l'Histoire sainte?*

On la divise en trois parties, qui se nomment : l'Etat de la Loi de Nature depuis

Adam jufqu'à *Moïfe* : l'Etat de la Loi écrite depuis *Moïfe* jufqu'à N. S. Jefus-Chrift, & l'Etat de la Loi de Grace depuis l'établiffement de l'Evangile.

5. *Comment divife-t-on l'Hiftoire profane ?*

On la divife ordinairement en trois temps, favoir, le temps obfcur & incertain, le temps fabuleux, & le temps hiftorique.

6. *Qu'appelle-t-on temps obfcur & incertain.*

C'eft le temps qui s'eft écoulé depuis la Création du Monde jufqu'à l'origine des Fables des Grecs, ou jufqu'au Déluge qui arriva en Grece du temps d'*Ogyges*, Roi d'Athènes : l'Hiftoire nous laiffe dans une trop grande ignorance de ce qui s'eft paffé dans ces temps plus reculés.

7. *Quel eft le temps fabuleux ?*

C'eft celui qui va depuis ce Déluge jufqu'à l'établiffement des Jeux Olympiques.

8. *Quel eft le temps hiftorique ?*

C'eft celui qui s'étend depuis les Jeux Olympiques jufqu'à préfent (1).

9 *N'a-t-on pas d'autres divifions propres à l'étude de l'Hiftoire univerfelle ?*

Celles qui font les plus commodes & les plus en ufage, font les divifions par Epoques & par Periodes.

10. *Qu'eft-ce qu'une Epoque ?*

---

(1) On trouvera quantité de chofes inftructives fur les trois temps de l'Hiftoire, dans le *Traité de l'Origine des Loix, des Arts, & des Sciences, & de leurs progrès chez les anciens Peuples*, par le Préfident *Goguet* ; ouvrage où le favoir, le jugement & la décence, vont de pair.

Une époque eſt un événement mémorable, dont on ſe ſert pour fixer l'ordre des temps, & pour ſoulager la mémoire.

11. *Qu'eſt-ce qu'une Période?*

C'eſt la ſuite des événements qui ſe ſont écoulés, depuis une Epoque juſqu'à l'autre.

12. *Comment diſpoſe-t-on ces Epoques & ces Periodes?*

L'ordre en eſt abſolument arbitraire. Nous n'en mettrons ici que huit, depuis la Créa-tion du Monde juſqu'à la naiſſance de N. S.

13. *Quelles ſont ces Epoques?*

I. Le Déluge. II. La Vocation d'Abraham. III. La Loi donnée à Moïſe. IV. La priſe de Troye par les Grecs. V. Le temple de Jéru-ſalem bâti par Salomon. VI. La fondation de Rome. VII. Cyrus, Roi de Perſe. VIII. La naiſſance de N. S J. C.

14. *Quelles ſont les Périodes.*

La premiere, eſt depuis la Création du Monde juſqu'au Déluge en-viron	1656 ans.
La ſeconde, depuis le Déluge juſ-qu'à la Vocation d'Abraham,	427 ans.
La troiſieme, depuis la Vocation d'Abraham, juſqu'à la Loi don-née par Moïſe,	431 ans.
La quatrieme, depuis la Loi don-née par Moïſe, juſqu'à la priſe de Troye,	347 ans.
La cinquieme, depuis la priſe de Troye, juſqu'au Temple de Jé-ruſalem, bâti par Salomon,	192 ans.
La ſixieme, depuis le Temple de Jéruſalem juſqu'à la fondation de Rome,	239 ans.

La septieme , depuis la fondation
de Rome jusqu'au commencement du regne de Cyrus, pre-
mier Roi de Perse ,   192 ans.
La huitieme, depuis Cyrus jusqu'à
la naissance de N. S. J. C.   560 ans.

15. *Ne divise-t-on pas aussi la durée du Monde en quatre grandes Monarchies ?*

Oui , c'est une division ancienne, & qui a son usage.

16. *Quelles sont ces Monarchies ?*

Celle des Assyriens, celle des Perses, celle des Grecs & celle des Romains.

17. *Qu'appellez-vous une Monarchie ?*

On appelle ainsi un Etat gouverné par un seul suivant ses Loix.

18. *Comment appelle-t-on les autres formes de Gouvernement ?*

Celle où le peuple a le pouvoir législatif en main, & où le Pouvoir exécutif des Loix est confié aux Magistrats, s'appelle *Démocratie* ; & celle où le pouvoir du Gouvernement est entre les mains des Nobles comme à Venise, à Gènes, &c. porte le nom d'*Aristocratie* (2).

19. *Ces quatres Monarchies dont vous venez de*

----

(2) Le celebre Ouvrage de *Montesquieu*, de *l'Esprit des Loix* , roule presque tout entier sur les principes, qui servent de base aux différentes formes de Gouvernement. Le *Contrat Social*, de J. J. *Rousseau*, donne dans un petit espace, une vraie idée du Droit politique , & du vraie fondement des Gouvernemens ; ainsi que les *Observations sur les commencements de la Société* , traduit de l'Anglois de *Millar.* in-12, & *l'Histoire de la Société Civile* , traduite de celui de *Ferguson.*

parler, ont elles été les seules grandes Monar-
chies de l'Antiquité ?

Nullement. L'Histoire nous en fait connoître d'autres, qui n'ont pas été moins confidérables.

20. *Nommez-en quelques-unes ?*

Celle des Égyptiens a été autrefois d'une
très-grande étendue. Celle des Chinois est
une des plus anciennes du Monde (3). Celle
des parthies a long-temps tenu tête aux Romains. Enfin, il y a celle du Gengis-Kan,
Conquérant Tartare, qui, dans le XIIIe. siecle, établit le plus grand Empire qui ait jamais
été sur la terre.

21. *Pourquoi dites vous cela ?*

Parce que cet Empire, qui d'ailleurs ne
fut pas de longue durée, s'étendoit depuis la
Chine jusqu'en Hongrie.

---

(3) On peut consulter les Ouvrages qui concernent ce fameux Empire, & en particulier celui du
P. du Halde, qui est le plus complet.

A B R É G É
C H R O N O L O G I Q U E
DE L'HISTOIRE UNIVERSELLE.

PREMIERE PARTIE.

PREMIERE PÉRIODE.

Depuis la Création du Monde jusqu'au Déluge;
1656 ans.

22. **D**'où apprenons-nous les événemens de cette Période ?

Ils sont contenus dans les premiers chapitres du livre de la Genese.

23: *Quels sont ces événemens ?*

La Création & la Chûte d'Adam & d'Eve. Le meurtre d'Abel par Caïn, son frere. Enoch transporté au Ciel à cause de sa piété. La corruption du genre humain. Le Déluge annoncé à Noé 25 ans avant qu'il arrivât (4).

---

(4) On peut joindre à la lecture de la Bible celle de l'Historien *Joseph*, dont la traduction par M. *Arnaud d'Andilly* est fort connue. Les *Discours sur l'Histoire Universelle de Bossuet*, & *l'Histoire de l'ancien Testament par Calmet*, sont encore des sources où l'on peut puiser des connoissances très-utiles sur les événemens de l'Histoire sainte ; de même que dans les *Dictionnaires de la Bible* & *les Abrégés* de ces Ouvrages.

SECONDE PÉRIODE.

Depuis le Déluge jusqu'à la Vocation d'Abra-
ham; 427 ans.

24. Q*UELS font les événemens de cette*
Période?

Le Déluge. La Tour de Babel. Nimrod
commença à régner le premier en Affyrie.
Le Royaume d'Egypte fut auffi fondé en
ces temps-là, comme il paroît par l'Ecriture
fainte.

25. *Comment s'appelloit le premier Roi d'Egypte?*

Il s'appelloit *Menes*, & c'étoit, à ce qu'on
croit, *Mefraïm*, fils de Cham, l'un des fils
de Noé.

26. *Quels autres événemens rapporte-t-on à*
cette Période?

On y rapporte ordinairement la conftruction des Pyramides d'Egypte, qui font une
des fept merveilles du Monde, & la feule qui
fubfifte encore aujourd'hui (5).

27. *Quel autre Empire rencontre-t-on dans*
cette Période?

L'Empire de la Chine, qui, par une très-
longue fuite de Rois, s'eft confervé jufqu'à
préfent.

---

(5) Parmi les Auteurs anciens, *Diodore de Sicile*
nous a confervé ce qu'il y a de plus remarquable
fur le Gouvernement & fur les Monumens de l'ancienne Egypte. Parmi les modernes, *Maillet* nous
a donné une bonne Defcription de ce Pays. Ces
Auteurs ont été fur les lieux dans leur temps.

28. *Comment s'appelle le fondateur de cet Empire?*

Il s'appelle Fohi (6).

29. *L'Idolâtrie étoit-elle établie pendant le cours de cette Période?*

Vers les commencements, les enfants de Noé conserverent le culte de Dieu; mais dans la suite, les mœurs déréglés des hommes & la superstition introduisirent l'Idolâtrie dans le monde.

T R O I S I E M E P É R I O D E.

Depuis la vocation d'Abraham, jusqu'à la Loi donnée par Moïse; 431 ans.

30. *P O U R Q U O I Dieu appella-t-il Abraham?*

Pour le préserver, lui & ses descendants, de l'idolàtrie qui se répandoit sur la terre.

31. *Qu'est-il arrivé de considérable dans cette Période?*

La naissance d'Ismaël, de qui descendent tous les Arabes. Celle d'Isaac, de Jacob, d'Esaü, & les autres événements rapportés

---

(6) Les Chinois prétendent remonter beaucoup plus haut, & à des temps qui seroient antérieurs non-seulement au Déluge, mais même à la Création. Leurs Annales cependant n'ont rien de certain avant *Fohi.* Il y a des choses fort curieuses sur l'origine des Chinois dans la correspondance entre M. *de Mairan* & le *P. Parennin* sur ce sujet. Le *P. de Mailla* a traduit les Annales de la Chine en François : il mourut à Pekin en 1748, après un séjour de 45 ans à la Chine.

dans l'Ecriture fainte, comme la vente de Joseph par fes freres, la venue de Jacob en Egypte, & la perfécution d'Ifraël fous Pharaon.

32. *N'y a-t-il point d'événements de l'Hiftoire profane dans cette Période?*

Il y en a quelques-uns, comme la venue d'*Inachus* dans le Péloponefe, qu'on appelle aujourd'hui la Morée, où il fonda le Royaume d'Argos (7).

33. *De quel pays vint cet Inachus?*

On croit qu'il vint de Phénicie; les peuples de cette nation étant ceux de l'antiquité qui fe font les premiers adonnés à la navigation, & qui ont établi des colonies hors de leur pays.

34. *Quels font les autres événements d'Hiftoire profane pendant le cours de cette Période?*

Les deux Déluges, celui d'*Ogyges* dans l'Attique, & celui de *Deucalion* dans la Theffalie.

35. *Ces Déluges peuvent-ils paffer pour véritables?*

Oui, pour ce qui concerne le fait; mais on y a mêlé, furtout dans le fecond, des circonflances tirés du Déluge de Noé, & outre cela des Fables puériles.

---

(7). En général fur toute cette Hiftoire de la plus haute antiquité, on peut fatisfaire abondamment fa curiofité, dans l'*Hiftoire univerfelle*, faite en Anglois par une Société de Gens de Lettres, & traduite en François. On vient d'en faire une nouvelle édition in octavo, dont le ftyle eft corrigé.

QUATRIEME PÉRIODE.

Depuis la Loi donnée par Moïse jusqu'à la prise de Troye ; 347 ans.

36. **QUELLE** fut la forme du Gouvernement que Dieu donna à Moïse dans le désert ?

Ce fut un Gouvernement d'une nature particuliere. Dieu lui-même étoit le Roi de son peuple ; & on a donné le nom de *Théocratie*, ou d'Empire de Dieu, à cette forme de Gouvernement.

37. *Qui est-ce qui introduisit le peuple élu dans la Terre-sainte ?*

Josué, successeur de *Moïse*, qui partagea la Palestine entre les douze Tribus, & mourut huit ans après.

38. *Comment s'appellerent ses successeurs ?*

Ils s'appellerent *Juges* ; & ce fut le nom des Magistrats des Juifs jusqu'à Saül, qui fut leur premier Roi.

39. *Quels royaumes furent fondés pendant cette Période ?*

Celui de Thebes, celui d'Assyrie, celui de Troye, & celui du Péloponese.

40. *Qui est le fondateur du Royaume de Thebes ?*

Cadmus, Phénicien, dont l'Histoire a été fort défigurée par les fables des Poëtes (8).

------

(8) Pour tout ce qui regarde les Fables & leur explication, il n'y a guere rien de meilleur à lire que *la Mythologie de M. l'Abbé Banier*, 8 vol. in-12. mais il convient d'y ajouter l'*Origine des Dieux du Paganisme par M. l'Abbé Bergier*, 2 vol. in-12.

Ce fut lui qui, le premier, apporta les Lettres dans la Grece, où jusqu'alors elles étoient
inconnues.

41. *Qui est le fondateur du Royaume d'As-
    syrie?*

Belus, auquel succéda *Ninus*, fondateur
de la ville de Ninive, & mari de la Reine
Sémiramis.

42. *Qui fut le fondateur du Royaume de
    Troye?*

Dardanus, Phrygien; son successeur fut
Tros, à qui succéda *Assaracus*, & ensuite
Laomédon, pere de Priam; sous le regne du-
quel les Grecs prirent la ville de Troye.

43. *Quelle fut la cause du siege de cette
    Ville?*

L'enlévement d'*Hélene*, femme de *Ménelas*,
Roi de Sparte, par *Paris*, fils du Roi *Priam*.

44. *Qui fut le Chef de l'Armée Grecque pen-
    dant cette expédition?*

Agamemnon, Roi de Mycene, frere de
Menelas.

45. *Qui fut le fondateur du Royaume d'A-
    thenes?*

Cécrops, Egyptien, qui s'établit dans l'Attique avec une Colonie de sa nation.

46. *Quels autres événements se rapportent à
    cette Epoque?*

Il y en a plusieurs, tant de l'Histoire sacrée que de l'Histoire profane.

47. *Quels sont ceux de l'Histoire sacrée?*

Ce sont les faits rapportés dans des Livres

Le *Dictionnaire abrégé de la Fable*, par Chompré, in-12.
Le *Dictionnaire abrégé d'Antiquités* par Montchablon,
in-12. valent mieux pour la jeunesse.

de Josué , & des Juges qui succéderent à
Josué, depuis *Othoniel* jusqu'à *Jephté*.

48. *Quels sont les événements de l'Histoire
profane?*

Ils appartiennent, pour la plus grande partie, à l'Histoire fabuleuse. Les principaux sont
la naissance & la vie d'Hercule, qui naquit
à Thebes, & eut pour mere *Alcmene*, femme d'*Amphytrion* ; & l'expédition des Argo-
nautes dont *Jason* fût le Chef. On en trouve
l'Histoire ou la Fable, dans les Métamorpho-
ses d'Ovide.

49. *Sont-ce là tous les événements de cette Période?*

Il en reste encore un fort renommé dans
l'Antiquité. C'est l'Histoire d'*Œdipe*, Roi de
Thebes, & celle de ses deux fils, *Etéocle* &
Polynice.

✶✶✶✶✶✶✶✶✶✶✶✶✶✶✶

CINQUIEME PÉRIODE.

*Depuis la prise de Troye jusqu'au Temple de
Jérusalem , bâti par Salomon ; 192 ans.*

50. **C**OMBIEN *d'années dura le siege de
Troye ?*

Il dura dix ans , au bout desquels la ville
fut prise & ruinée de fond en comble.

51. *Que devinrent les Princes Troyens ?*

Ceux qui n'avoient pas péri pendant le
siege, comme *Hector* & *Paris*, fils de Priam ,
furent alors en partie massacrés , en partie
menés en captivité.

52. *N'en réchappa-t-il aucun ?*

On ne fait mention que de deux ; d'*Ante-*

nor, qu'on croit fondateur de la ville de Padoue, & d'*Enée*, qui passa en Italie, où il
épousa la fille du Roi *Latinus*, nommée *La-
vinie*.

53. *Qui étoit Enée ?*

Il étoit fils d'*Anchise*, frere du Roi *Priam*,
& sa mere étoit, selon les Fables des Poëtes, la
Déesse *Vénus*.

54. *Eut-il des enfants ?*

Il eut un fils, nommé *Ascanius*, qui établit la ville & le Royaume d'*Albe-la-longue*,
dans le territoire Latin.

55. *En quel état étoient alors les affaires de
la Grece ?*

Le Péloponese changea de maîtres. Les
Rois précédents, comme *Agamemnon* & *Ménelas*, étoient de la race de *Pélops*, Phrygien, fils de *Tantale*, qui s'étant établi dans
cette presqu'isle, lui donna le nom de *Péloponese*, qui signifie l'*Isle de Pélops*.

56. *Qui est-ce qui succéda à ces Princes ?*

Les *Héraclides*, ou descendants d'*Hercule*,
qui établirent les Royaumes de Lacédémone &
de Corinthe.

57. *Le Royaume d'Athenes subsistoit-il encore ?*

Il finit dans cette Période ; & le dernier
Roi fut *Codrus*, qui s'exposa volontairement
à la mort, en se dévouant pour son peuple.

58. *Quelles furent les suites de cette mort ?*

Les deux fils de *Codrus* se disputerent la
Couronne ; & les Athéniens, pour éviter à
l'avenir de pareils différends, abolirent la
dignité royale, & lui substituerent des Magistrats perpétuels à la vérité, mais dépendants de l'autorité du peuple, sous le nom

d'*Archontes*, qui veut dire *Princes* ou *Seigneurs.*

59. *Les Grecs ne firent-ils rien autre chose
dans cette Période ?*

Ils envoyerent des Colonies dans l'Asie-mi-
neure, où ils établirent plusieurs villes Grec-
ques. Les plus fameuses sont *Ephese*, *Smyrne*,
Cumus & *Phocée.*

60. *Quels sont les évènements de l'Histoire-Sainte?*

La fin de la Magistrature des Juges depuis
Jephté jusqu'à *Saül*, auquel succéda le Roi
David.

SIXIEME PÉRIODE.

*Depuis le Temple de Jérusalem jusqu'à la fonda-
tion de Rome ; 239 ans.*

61. **E**N quel temps fut bâti le Temple de
Jérusalem ?

Il fut bâti 992 ans avant la naissance de N.
S. J. C., & l'an du monde 3053.

62. *Pourquoi David ne bâtit-il pas le Temple de Jérusalem.*

Dieu le lui défendit, parce qu'il avoit répandu du sang humain ; & *Salomon* fut choisi
pour entreprendre & achever cet édifice, parce
que c'étoit un Prince pacifique.

63. *Quelles choses signalerent particulierzment
le regne de Salomon?*

On en peut compter trois. Premièrement,
la sagesse que Dieu accorda à ce grand Prince,
après qu'il la lui eut demandée. Secondement,
le culte de Dieu établi dans un lieu fixe.

L'Arche d'Alliance ayant été tranſportée dans le Temple, au-lieu qu'auparavant elle avoit été, tantôt dans un lieu, tantôt dans un autre. Enfin, les richeſſes & la puiſſance de *Salomon*, qui augmenta conſidérablement le Royaume d'Iſraël,

64. *Quels furent les Rois avec qui Salomon eut quelque relation ?*

L'Écriture ne fait mention que du Roi d'Egypte, du Roi de Tyr, & de la Reine de Saba.

65. *Qui étoit ce Roi d'Egypte.*

Il eſt appellé *Pharaon* dans l'Écriture, du nom commun à tous les Rois d'Egypte ; Salomon épouſa une de ſes filles.

66. *Qui étoit le Roi de Tyr ?*

Il s'appelloit *Hiram*, & il vécut dans une alliance fort étroite avec Salomon, auquel il fournit des matériaux & des ouvriers pour bâtir le Temple de Jéruſalem.

67. *Qui étoit la Reine de Saba ?*

L'Écriture ne fait point mention de ſon nom. Mais les anciennes Annales d'Ethiopie diſent qu'elle s'appelloit la Reine *Makeda*. Elle vint à Jéruſalem avec une grande ſuite, attirée par la réputation de Salomon, & retourna dans ſon pays, remplie d'admiration pour ce grand Prince.

68. *En quel pays régnoit cette Princeſſe.*

Dans l'Arabie heureuſe, où eſt ſitué le Royaume de Saba.

69. *Comment dans un Pays ſi éloigné avoit-elle ouï parler de la grandeur & de la ſageſſe de Salomon ?*

Il y a de l'apparence que cela arriva par les flottes que ce Prince envoyoit conjointement avec *Hiram*, Roi de Tyr, en *Ophir* chercher de l'or & d'autres chofes précieufes.

70. *Quel chemin prenoient ces flottes ?*

Elles partoient du port d'*Hetziongaber* au Septentrion de la mer-Rouge ; en defcendant au Midi, elles côtoyoient l'Arabie heureufe jufqu'à la fortie du détroit, qu'on appelle aujourd'hui le détroit de *Babel-Mandel* (9).

71. *Où étoit fitué le pays d'Ophir ?*

On croit que c'eft ce qu'on appelle aujourd'hui le Royaume de *Sofala*, fur la côte orientale de l'Afrique.

72. *Sur quoi fonde-t-on cette opinion ?*

Sur la quantité d'or qui fe trouve encore aujourd'hui dans ces lieux-là, & fur des mafures fort magnifiques que les habitants appellent les ouvrages de Salomon.

73. *L'Hiftoire profane ne fait-elle mention de perfonne que nous puiffions croire contemporain de Salomon ?*

On croit que le Poëte *Homere* vivoit en Grece pendant le regne de ce Prince.

74. *Qui étoit Homere ?*

Ce Poëte eft peu connu par rapport à fa perfonne & à fa patrie. Nous ne le connoiffons que par fes Ecrits.

75. *Quels font ces Ecrits ?*

Deux Poëmes incomparables, écrits en Grec. Le premier eft l'*Iliade*, qui contient une defcription poétique de la guerre de Troye; le fecond eft l'*Odyffée*, où eft décrit

____

(9) Voyez l'ouvrage de M. *Huet*, Evêque d'A-vranches, *fur le Commerce & la navigation des Anciens.*

le retour *d'Ulysse* dans l'isle *d'Ithaque* , sa patrie, après la prise de Troye (10).

76. *La fin du regne de Salomon fut-elle aussi*
heureuse que les commencemens ?

Non ; il tomba dans de honteuses foiblesses
& dans une criminelle idolâtrie, de laquelle
il y a lieu de présumer qu'il se releva avant de
mourir, quoique l'Ecriture n'en fasse aucune
mention.

77. *Qui fut son successeur ?*

Roboam , son fils, qui ayant mal-à-propos
préféré le conseil des jeunes gens à celui des
vieillards, perdit la moitié de son Royaume,
qui se révolta contre lui.

78. *Qui fut l'auteur & le chef de cette révolte ?*

Jeroboam , fils de *Nabat* , qui attira dix
Tribus d'Israël dans son parti, & qui pour
les empêcher d'aller adorer Dieu à Jerusalem,
établit deux veaux d'or, qu'il obligea les dix
Tribus séparées de reconnoître pour l'objet de
leur culte.

79. *Cette division subsista-t-elle long-temps ?*

Jusqu'à la captivité de Babylone, il y eut
des Rois à Jérusalem sur les Tribus de Juda
& de Benjamin, & d'autres Rois à Samarie
sur les dix Tribus Schismatiques.

80 *Les Rois de Tyr subsisterent-ils long-*
temps ?

Ils subsisterent jusqu'à la destruction de

---

(10). Ceux qui ne sont pas en état de se servir des
originaux, peuvent lire la Traduction de Madame
Dacier. Les Anglois en ont une meilleure ; c'est celle
de *Pope.* M. Bitaubé, a donné depuis peu une Traduction assez libre de l'Iliade, dont on a déja fait trois
éditions ; c'est Homere travesti.

cette ville par le Roi *Nabuchodonozor*, & du temps d'*Abia*, petit fils de Salomon, & fils de *Roboam*, Roi de Juda, ou, selon d'autres, du temps de *Joram*, Roi de Juda, & d'un autre *Joram*, Roi d'Israël; il y avoit à Tyr un Roi connu dans l'Histoire sous le nom de *Pygmalion*.

    81. *Trouve-t-on quelque évènement qui nous ait conservé le nom & la mémoire d ce Roi?*

Il y en a un fort célebre, qui est la fondation de Carthage par *Didon*, Princesse Tyrienne, qui étoit passée en Afrique avec une suite nombreuse, & qui y fonda cette grande ville, près de 300 ans après la prise de Troye (11).

    82. *N'y a-t-il point d'évènement de l'histoire Grecque qu'on puisse rapporter à cette Période?*

Il y en a deux entre autres qu'on peut regarder comme mémorables; le changement qui se fit à Lacédémone par les nouvelles loix que *Lycurgue* donna à cet Etat, & la fondation du Royaume de Macédoine, par *Caranus*, originaire d'*Argos* & descendant d'Hercule.

    83. *Ces deux choses sont-elles arrivées précisément dans le même temps?*

Non; il y a un intervalle de 70 ans entre deux. *Lycurgue* florissoit 884 ans avant N. S.,

---

(11) *Virgile* qui tient chez les Latins le même rang qu'*Homere* chez les Grecs, a embelli son fameux Poëme de l'Enéïde, en y plaçant *Didon*, comme ayant vu *Enée*, quoiqu'un grand intervalle de temps se soit écoulé de ce Héros à cette Princesse.

& *Caranus* fonda le Royaume de Macédoine, 814 ans avant la même époque.

84. *N'y eut-il aucun nouvel Empire fondé durant cette Période ?*

L'Empire des Medes fut fondé par *Dejoces*, & subsista jusqu'à *Cyrus*, qui soumit non-seulement les Medes, mais encore tous les Etats de l'Orient.

85. *Les Grecs n'avoient-ils alors aucun art de disposer les Epoques & les Périodes, & de les rendre fixes par leur Histoire ?*

Jusqu'au temps de la Période où nous sommes, il ne paroît pas qu'ils en ayent eu ; mais 776 ans avant la naissance de N. S., ils établirent une Solemnité fameuse, qui leur a servi dans la suite à régler le nombre de leurs années, & à fixer les événements de leur Histoire.

86. *Quelle étoit cette solemnité ?*

C'étoit les *Jeux Olympiques*, qui se célébroient tous les cinq ans, avec un concours universel de toute la Grece, dans la ville d'*Olympe* en *Elide*, petite Province du Péloponese.

87. *Qu'est-ce que c'étoit que ces jeux ?*

Ils consistoient en divers exercices du corps ou de l'esprit, & les vainqueurs étoient proclamés & couronnés publiquement ; ce qui leur procuroit une considération particuliere pendant le reste de leur vie (12).

---

(12) Voyez l'Ouvrage de *Meursius*, intitulé : *De Ludis Græcorum.*

88. *Comment se servoient les Grecs de ces jeux Olympiques pour nombrer leurs années ?*

Ils donnoient le nom d'*Olympiade* aux quatre années entieres qui s'écouloient depuis une solemnité jusqu'à l'autre , & rapportoient les événements , premiérement à l'Olympiade , ensuite à l'année courante de la même Olympiade.

89. *Rendez cela plus sensible par des exemples ?*

En voici deux, tirés de la fin de la Période où nous sommes. Environ l'an 2 de la IIe. Olympiade , les Grecs envoyerent des Colonies en Sicile , conduites par *Archias* , Corinthien , qui bâtit la ville de *Syracuse*. La 4e. année de la Ve. Olympiade , les Athéniens ordonnerent que les Archontes qui , depuis la mort de *Codrus* , avoient été perpétuels , ne régneroient plus que pendant l'espace de dix ans (13).

---

(13) *L'Histoire ancienne* de M. *Rollin* commence vers ces temps-ci ; elle peut suffire à ceux qui ne veulent pas s'enfoncer dans les recherches de pure érudition.

SEPTIEME PÉRIODE.

*Depuis la fondation de Rome jusqu'au commence-
ment du regne de Cyrus ; 192 ans.*

90. *En quel temps fut fondée la ville de
Rome (14)?*

Elle fut fondée sur la fin de la 3e. année
de la VIe. Olympiade, l'an du monde 3231, &
753 ans avant la naissance de N. S.

91. *Qui a été le fondateur de cette ville?*

Romulus, petit-fils de *Numitor*, Roi d'Albe-la-longue, & fils de *Rhea Sylvia*, Reli-
gieuse vestale. Son pere étoit apparemment
un inconnu, & les Romains, pour cacher
la honte de sa naissance, firent courir le bruit
qu'il étoit fils du Dieu Mars.

92. *Romulus n'eut-il pas un frere jumeau?*

Il en eut un, appellé *Remus*, qu'il tua de
sa propre main.

93. *Pourquoi commit-il un si grand crime?*

Parce que *Remus*, par dérision, avoit sauté
par-dessus les fossés de la nouvelle ville de
Rome.

____

(14) Voyez l'Ouvrage de M. *de Beaufort*, sur l'in-
certitude des cinq premiers Siecles de l'Histoire Romaine, & la Dissertation de M. *Pelloutier* sur l'o-
rigne des Romains. Quant à l'Histoire Romaine, il
y a plusieurs Ouvrages qui la concernent. Celui de
l'Abbé de *Vertot* est excellent, mais ne va pas au-delà
des temps de la République. On y peut joindre
Echard, *Rollin*, *Crevier*, *le Beau*, pour les temps
postérieurs.

92. *Qui furent les premiers habitants de Rome ?*

Des brigands & des esclaves fugitifs, à qui Romulus donnoit retraite pour la peupler.

95. *N'avoient-ils point de femmes avec eux ?*

Non : les Sabins, leurs voisins, à qui ils demanderent leurs filles en mariage, les refuserent avec mépris.

96. *Qu'arriva-t-il de cela ?*

Romulus dissimula ; & quelque temps après il célébra des jeux, auxquels il invita les Dames Sabines, qui y vinrent en foule avec leurs filles, qui furent enlevées par force & conduites à Rome, où les sujets de Romulus les épouserent.

97. *Cela produisit sans doute une guerre ?*

Oui, mais cette guerre fut de peu de durée par la prudence des Dames Romaines, qui réconcilierent leurs peres avec leurs maris, & les obligerent par leurs prieres à ne faire plus qu'une même nation avec eux.

98. *Combien d'années régna Romulus, & qui fut son successeur ?*

Il régna 38 ans, & *Numa Pompilius*, [*] Sabin, originaire de la ville de *Cures*, régna après lui.

99. *Quel fut le caractere de ce deux Princes ?*

Romulus fut entreprenant & belliqueux, & Numa fut un Prince religieux, & un sage politique.

100. *En quel état se trouvoient alors les affaires des Juifs ?*

Environ l'an 20 de Rome, *Ezechias* commença à régner à Jérusalem ; & la 7e. année de son regne, *Salmanasar*, Roi d'Assyrie,

---

(*) On trouve à Bruxelles chez *B. Le Francq*, NUMA POMPILIUS, par M. DE FLORIAN, 2 volumes avec 13 belles Gravures. Ouvrage supérieurement écrit. On le trouve également en *François-Anglois* 4 vol. avec fig. 1790.

prit la ville de Samarie, & emmena en captivité *Hosée*, Roi d'Israël & les dix Tribus
Schismatiques (15).

101   *Le Royaume de Juda subsistoit-il encore ?*

Oui ; & peu de temps après la prise de
Samarie, *Sennacherib*, Roi d'Assyrie, vint
en Judée avec cette grosse armée, qui fut
miraculeusement défaite par un Ange.

102. *Revenons aux Romains. Combien de
temps régna Numa-Pompilius ?*

Il régna 43 ans, & eut pour successeur
Tullus-Hostilius, qui régna 23 ans.

103. *Nous avons parlé dans la Période précédente de l'Empire des Medes : Quels en
furent les commencements ?*

Arbaces, Seigneur Mede, s'étant révolté
contre *Sardanapale*, Roi d'Assyrie, Prince
efféminé ; & l'ayant obligé à se donner la
mort, la nation des Medes secoua le joug
des Assyriens, & se remit en liberté.

104. *Arbaces ne porta-t-il pas le nom de
Roi ?*

Non ; les Medes, après avoir joui quelque temps de leur liberté, élurent pour Roi
un Seigneur, nommé *Dejoces*, dont la postérité conserva ce rang jusqu'à *Cyrus*, Roi
de Perse.

105. *En quel état la Grece étoit-elle alors ?*

---

(15) Ici commence l'*Histoire des Juifs*, de M. Prideaux, qui va jusqu'à N. S. M. *Shuckford* a fait un
Ouvrage, qui remonte aux temps qui ont précédé,
& M. *Basnage* en a donné un sur ceux qui ont
suivi ; de sorte que ces trois Auteurs forment un
corps complet d'Histoire Judaïque.

L'an de Rome 67, les Archontes d'Athè-nes devinrent annuels, & demeurerent tels jufqu'à la chûte de cette République.

106. *Les Lacédémoniens continuoient-ils à obfer-ver les Loix de Lycurgue ?*

Oui ; & comme leur forme de gouverne-ment étoit toute militaire, ils avoient fou-vent des guerres avec les autres villes Grec-ques.

107. *Quelle guerre eurent-ils dans ce temps-ci ?*

Ils eurent une longue guerre contre les Mefféniens, leurs voifins, & fe rendirent maîtres de leur ville, après un fiege de dix ans.

108. *Que devinrent les Mefféniens ?*

Ceux qui purent échapper à la cruauté des Lacédémoniens, s'embarquerent & pafferent en Sicile, où ils fe rendirent maîtres d'une ville nommée *Zanclée*, qu'ils appellerent *Mef-fine*, du nom de leur ancienne patrie.

109. *Quel fut le quatrieme Roi des Romains après Tullus-Hoftilius ?*

Ancus-Martius, qui commença à régner l'an 115 de la fondation de Rome, & mourut 24 ans après.

110. *Ne vécut-il pendant ce temps-là aucun homme illuftre parmi les Grecs ?*

On rapporte à ce temps-ci les fept Sages de la Grece.

111. *Sait-on leurs noms ?*

Les voici. I. *Solon*, le Légiflateur des Athé-niens. II. *Thalès* de Milet. III. *Périandre*, Roi de Corinthe, IV. *Pittacus*, Roi de Mi-tylene. V. *Bias*, Priénien. VI. *Chilon*, Lacé-démonien. VII. *Cléobule*, Lindien.

112.

112. *En quoi consistoit la sagesse de ces gens-là ?*
Dans l'observation des préceptes de la Loi naturelle & de la Morale (16).

113. *Qui furent les successeurs de Dejoces, premier Roi des Medes ?*
Cet empire n'a eu que quatre Rois, qui se sont succédés de pere en fils pendant l'espace de 150 ans.

114. *Qui sont-ils ?*
I. *Dejoces*, qui régna 53 ans. II. *Phaortes*, qui régna 22 ans. III. *Cyaxare*, qui régna 40 ans. IV. *Astyage*, aïeul maternel du Roi *Cyrus*, qui régna 35 ans.

115. *N'y avoit-Il point d'autre Royaume florissant en Orient que celui-là ?*
Le Royaume des Babyloniens étoit fort puissant, & *Nabuchodonosor*, fils de *Nabopolassar*, Roi de Babylone, fit alors de grandes conquêtes, entre lesquelles est comprise celle de Jérusalem & de la Palestine.

116. *En quel temps arriva la conquête de Jérusalem, & la destruction du Temple ?*
Environ l'an 160 de la fondation de Rome, & 580 ans avant la naissance de Jésus-Christ.

117. *Qui est-ce qui régnoit alors à Rome ?*
Tarquin l'ancien, le cinquieme Roi des Romains. Il régna 38 ans.

118. *Qui étoit Tarquin ?*
Il étoit Grec d'origine, fils d'un Corinthien nommé *Demaratus*, qui s'étoit réfugié à *Tarquinum* en Toscane, pour se mettre à cou-

---

(16) On a l'*Histoire des sept Sages*, Par Mr. Larrey. Ouvrage instructif & amusant.

B

vert des violentes de *Cypselus*, tyran de Corrinthe.

119. *Quel fut la fin de Tarquin ?*

A l'âge de 84 ans, il fut aſſaſſiné par deux payſans, gagnés par les enfants d'*Ancus Martius*.

120. *Quelle raiſon les porta à une action ſi exécrable ?*

La haine qu'ils avoient conçue contre le Roi, ſur ce qu'ils s'imaginoient qu'il poſſé-doit une couronne qui leur appartenoit.

121. *Qui fut ſon Succeſſeur ?*

Servius–Tullius, qui avoit été élevé par *Tana-quil*, femme de *Tarquin*, duquel il avoit épouſé la fille.

122. *Quelles furent les plus conſidérables con-quêtes de Nabuchodonoſor, outre celles de la Syrie & de la Paleſtine ?*

Il conquit auſſi l'Egypte, & la rendit tri-butaire.

123. *Qui fut ſon ſucceſſeur ?*

Son fils *Evilmerodach*, qui ne régna que trois ans.

124. *Le Royaume de Babylone ſe ſoutint–il encore après la mort du Roi Nabuchodonoſor ?*

Non ; les Princes ſuivants, peu connus dans l'Hiſtoire, ne firent rien de mémorable ; & *Cyrus*, premier Roi des Ferſes, ſoumit peu de temps après les Babyloniens.

125. *N'y eut-il point alors de Royaume fa-meux dans l'Aſie-mineure ?*

Créſus, Roi de Lydie, le plus riche Prince de ſon temps, régnoit alors dans la ville de Sardes, la Capitale de ſes Etats.

126. *Avoit-il quelque perſonne conſidérable au nombre de ſes Courtiſans ?*

Outre *Eſope*, Phrygien, Auteur des Fa-bles, qui ont immortaliſé ſon nom, tous les

Grecs lui faifoient la cour à caufe de fes grandes richeffes & de fa libéralité.

127. *Vint-il auffi quelques Athéniens à fa Cour ?*

Solon, Légiflateur d'Athenes, y vint & fut affez mal reçu du Roi *Créfus*.

128. *Pourquoi ?*

Parce qu'il méprifa fes richeffes, & lui dit que perfonne ne pouvoit s'eftimer heureux avant fa mort.

129. *Solon n'étoit donc pas venu à Sardes dans des vues intéreffées ?*

Non ; il s'étoit éloigné d'Athenes, parce que cette ville à laquelle il avoit donné des Loix très-bonnes & très-fages, gémiffoit fous l'oppreffion de *Pififtrate*, qui y avoit ufurpé une autorité tyrannique.

130. *La conferva-t-il long-temps ?*

Il régna pendant l'efpace de feize ans, & laiffa la couronne à fes enfants, qui ne la furent pas conferver comme lui.

HUITIEME PÉRIODE.

Depuis Cyrus, premier Roi des Perses, jusqu'à la naissance de N. S. Jesus-Christ, 560 ans (17).

131. **Qui** *étoit Cyrus?*

Il étoit fils d'un Seigneur Persan, nommé *Cambyses*, & sa mere étoit *Mandane*, fille d'*Astyage*, le dernier Roi des Medes.

132. *Comment transféra-t-il la royauté de la nation des Medes à celle des Perses?*

Il se révolta contre son aïeul, & le vainquit.

133. *Quelles furent ses Victoires & ses Conquêtes?*

Il vainquit premierement *Crésus*, Roi de Lydie, ensuite les Babyloniens & les Assyriens, & fonda par ses conquêtes la Monarchie des Perses qui étoit d'une très-vaste étendue.

134. *De quelle Religion faisoit-il profession?*

---

(17) On a la *Cyropédie* de Xénophon, traduite en François par M. Charpentier; & les *Voyages de Cyrus*, dans lesquels M. Ramsay a voulu imiter *Télémaque*. Ceux qui peuvent soutenir la lecture des longs Romans, n'ont qu'à faire celle *d'Artamene*, ou le *grand Cyrus*, par Mlle. de *Scudéry*. Ces ouvrages font des Poëmes Epiques en prose, & les faits historiques y font soigneusement rassemblés. Mais le mèlange de ces faits avec les fictions, le tour romanesque, & le style affecté, les rendent dignes de la critique que *Boileau* en fait dans le Dialogue intitulé: *Les Héros de Roman*, qui se trouve dans le tome III de ses ouvrages, derniere édition, 5 vol. in-12. Amsterdam, 1775.

Il paroît par l'affection qu'il portoit au peuple Juif, & par les témoignages que Dieu lui rend dans le Prophête Esaïe, qu'il craignoit le Dieu d'Israël.

135. *En quoi a paru son affection pour les Juifs ?*

En ce qu'il leur permit de retourner à Jérusalem sous la conduite de *Zorobabel*, & de *Jesus*, fils de *Josedek*, souverain Pontife.

136. *Quelles furent les suites de cette permission ?*

Deux ans après le retour *Zorobabel* posa les fondements du Temple, & éleva un autel à Dieu ; mais le bâtiment du Temple fut arrêté par les oppositions & les calomnies des Samaritains.

137. *Quel témoignage Dieu a-t-il rendu à Cyrus dans le prophéte Esaïe ?*

A la fin du Chapitre XLIV, & au commencement du XLV, de ce Prophête Dieu l'appelle par son nom, 220 ans avant qu'il fût au monde, & il lui donne les titres glorieux de son Pasteur & de son Oint.

138. *Quel Roi régnoit à Rome du temps de Cyrus ?*

Tarquin le Superbe, qui parvint à la Couronne par un crime, & la perdit par un autre crime.

139. *Quel fut le premier crime ?*

Le meurtre de *Servius Tullius*, son beau-pere.

140. *Quel fut le second ?*

L'injure faite à *Lucrece*, Dame Romaine, par *Sextus Tarquinius*, fils aîné de *Tarquin* le Superbe.

141. *Quelle fut la fin de Cyrus.*

On prétend qu'après avoir regné 30 ans, il

porta mal-à-propos la guerre dans le pays des Scythes, & fut tué dans une bataille contre l'armée commandée par *Thomyris*, Reine de cette nation.

142. *Eſt-il bien certain que Cyrus ait ainſi fini ſa vie ?*

Cela paroît aſſez douteux, car il ſe trouve quelques Auteurs anciens, comme *Xénophon*, qui diſent qu'il mourut tranquillement dans ſon lit, étant parvenu à une vieilleſſe fort avancée.

143. *Qui fut ſon Succeſſeur ?*

Son fils *Cambyſe*, Prince cruel & ſanguinaire, qui ne régna que 7 ans & 5 mois.

144. *Où mourut-il ?*

En Egypte où il étoit allé faire la guerre à *Pſamménite*, qui s'étoit révolté contre lui.

145. *Qui lui ſuccéda ?*

Un Mage, appellé *Smerdis*, qui ſe fit paſſer pour le frere de *Cambyſe*, & régna 7 mois en cette qualité.

146. *Comment cela put-il arriver ?*

Cambyſe avoit un frere appellé *Tanyoxares* ; il le fit tuer par jalouſie. Comme cette mort avoit été cachée, *Smerdis*, qui lui reſſembloit, ſe fit paſſer pour lui.

147. *Par qui cette fraude fut-elle decouverte ?*

Par ſept Satrapes, ou Seigneurs Perſans, qui, étant bien informés de la mort de *Tanyoxares*, conſpirerent contre l'impoſteur & le tuerent dans le palais.

148. *Qui eſt-ce qui régna après Smerdis ?*

Darius, fils d'*Hyſtaſpe*, un des ſept Satrapes conjurés.

149. *Comment fut-il préféré aux autres ?*

Outre les droits de la naiſſance qu'il avoit pour lui, étant du Sang royal des Perſes, il obtint la Couronne, en vertu d'une convention que ces Seigneurs avoient faite entr'eux.

150. *Quelle étoit cette convention?*

Comme les Perfans adoroient alors le foleil, ces fept Satrapes voulurent que celui d'entr'eux dont le cheval henniroit le premier à l'apparition du foleil levant, feroit feconnu pour Roi; & le cheval de Darius fut le premier à hennir.

151. *Darius fit-il du bien aux Juifs?*

Oui, il leur permit de bâtir leur Temple, qui fut achevé la huitieme année de fon regne.

152. *Qu'arriva-t-il en Grece pendant ce temps-là?*

La quatrieme année du regne de *Cambyfe*, 527 ans avant la naiffance de N. S. J. C., *Pififtrate*, tyran d'Athenes, étant mort, *Hippias*, fon fils aîné, lui fuccéda, & régna 18 ans, au bout defquels il fut chaffé par le peuple d'Athenes qui fe remit en liberté.

153. *Darius n'eut-il point de guerre à foutenir au commencement de fon regne?*

Les Babyloniens fe révolterent, mais il les foumit par une action de *Zopyre* que les Anciens ont louée, quoiqu'elle paroiffe plutôt digne de blâme que de louange.

154. *Reprenons la fuite de l'Hiftoire Romaine. Qu'arriva-t-il après que Tarquin eut été chaffé?*

Les Romains abrogerent fans retour la Dignité royale, & établirent deux Confuls annuels, dont les premiers furent *L. Junius Brutus*, & *L. Tarquinius Collatinus*. Il faut remarquer que ce dernier fut peu de temps après obligé de renoncer à fa dignité, parce qu'il étoit du nom & de la famille des Tarquins, & qu'un autre Conful, nommé *P. Vate-rius*, fut mis en fa place.

　　155. *Que devint Tarquin-le-Superbe, après qu'il eut été chaffé de Rome?*

Il fit divers efforts inutiles pour recouvrer fa premiere dignité. *Porfenna*, Roi d'Etrurie, l'aida même de fa perfonne & de fes troupes, fans pouvoir furmonter la fermeté des Romains, qui foutinrent vaillamment cette guerre, & obligerent *Porfenna* & *Tarquin* à fe retirer.

　　156. *Ne pourriez-vous point nommer quelque perfonne illuftre, qui ait fleuri en Grece pendant ce temps-ci?*

Pythagore, Philofophe Grec (18), né dans l'Ifle de *Samos*, vint en Italie, & enfeigna fa Philofophie à *Crotone*, du temps de *Tarquin* le Superbe.

　　157. *Quels étoient les dogmes de ce Philo-fophe?*

Parmi ceux que l'Antiquité nous a confervés, il y en a de fort ridicules, comme la *Métem-pfycofe* ou tranfmigration des ames, qu'il enfeignoit comme une vérité. De ce faux Dogme il déduifoit la conféquence, qu'on doit s'abf-tenir de toute chair d'animaux.

---

(18) Ceux qui veulent acquérir des connoiffances générales de la vie & des Dogmes des anciens Philofophes, peuvent fe fervir de *l'Hiftoire abrégée de la Philofophie*, par M. Formey, in-12. On trouvera de plus grands détails dans les *Vies des plus illuftres Philofophes de l'Antiquité*, traduites du Grec de *Diogene Laerce*, imprimée avec portraits à Amfterdam, chez *J. H. Schneider*, 1758 en 3 volumes in-12. Et plus encore dans l'*Hiftoire-Critique de la Philofophie par Brucker*, 6 vol. 4to.

158. *Ce Philosophe est-il le seul qui vivoit alors?*

On fait aussi mention de deux autres, qui ont été aussi celebres que singuliers, *Héraclite* d'Ephese, qui pleuroit de tout, & *Démocrite* d'Abdere, qui, au contraire ne cessoit de rire.

159. *Qu'est ce qui causoit les larmes de l'un & le rire de l'autre?*

Le même sujet de part & d'autre; *Héraclite* pleuroit les folies des hommes, & *Démocrite* y trouvoit un sujet de divertissement.

160. *Quelles furent les guerres de Darius après la conquête de Babylone?*

Il fit la guerre aux Scythes, où il n'eut que du déshonneur, y ayant perdu la meilleure partie de son armée, & il entreprit de faire aux Grecs une guerre, dont il en retira encore moins de gloire.

161. *Quels furent les motifs qui porterent Darius à déclarer la guerre aux Grecs?*

Hippias, tyran d'Athenes, s'étoit retiré auprès de lui, & le sollicitoit sans cesse à le rétablir. Outre cela, *Mégabaze*, Satrape de *Darius*, faisant la guerre aux Grecs de l'Asie Mineure, fut souvent défait par les Athéniens. Cette insulte détermina *Darius* à faire passer une armée en Grece, commandée par *Mardonius*, son gendre.

162. *Cette armée étoit-elle en état de conquérir la Grece?*

Oui, si ces troupes avoient été aussi vaillantes qu'elles étoient nombreuses. L'armée de *Mardonius*, qui étoit de trois cents mille hommes, fut défaite dans les champs de *Marathon*, proche d'Athenes, par l'armée des Grecs, qui ne consistoit qu'en dix mille hommes, commandés par *Miltiade*, Athénien.

B 5

163. *Que fit Darius après avoir reçu la nou-*
     velle de cette défaite ?

Il en conçut un chagrin qui lui donna la
mort dans le temps qu'il se préparoit à une
expédition contre les Grecs.

164. *En quel état les affaires des Grecs étoient-*
     elles pendant le regne de Darius ?

La politesse & les Beaux-Arts commençoient
à fleurir parmi eux, principalement à Athenes, où la Tragédie fut alors inventée, &
portée à sa perfection par *Eschyle & Sophocle* (19)

165. *Nous reste-t-il quelques pieces de ces*
     Auteurs ?

Oui, il nous en reste aussi-bien que d'*Eu-*
ripide, qui a vécu quelques années après la
mort de *Sophocle.* C'est sur le modele de ces
Auteurs que nos grands Poëtes modernes se
sont réglés.

166. *L'Histoire Romaine ne nous fournit-elle*
     ici aucun événement remarquable ?

Après l'expulsion des Rois, la République
encore foible, n'avoit que de petites guerres
à soutenir contre ses voisins.

167. *Qu'est-ce que cette expédition de Coriolan*
     dont on parle tant ?

Voici le fait. C. *Marcius-Coriolanus* fut envoyé injustement en exil par les Romains ses
concitoyens. Irrité contr'eux, il se retira dans
le pays des Volsques, ennemis des Romains ;
& s'étant fait donner le commandement de
leur armée, il assiéga Rome, & l'auroit prise,

____

(19) Rien ne peut donner mieux l'idée de ces Auteurs dramatiques que le *Théâtre des Grecs*, traduit par
Brumoy, en 6 vol. in-12. derniere édit, de 1763.

s'il ne s'étoit laiffé fléchir par les prieres de
fa mere & de fa femme ; qui l'obligerent à
lever le fiege , & à fe retirer.

168. *Qui fut le fucceffeur de Darius , troifiemɜ
Roi des Perfes ?*

Xerxès, fon fils , qui régna vingt ans , & qui,
la quatrieme année de fon regne , continua contre les Grecs la guerre que fon pere avoit com-
mencée.

169. *Ne pourriez-vous point me faire quelque
détail de cette guerre, & des fuccès dont
elle fut fuivie ?*

Les anciens Auteurs nous en apprennent diverfes particularités. L'armée de Xerxès confiftoit en plus de 800 mille hommes , fans compter les troupes qui étoient fur plus de 1,200
vaiffeaux qu'il avoit en mer. Il fit paffer fes
troupes d'Afie en Europe, fur un pont qu'il
fit bâtir fur l'Hellefpont. Il fit couper l'Ifthme
qui joint le mont *Athos* au Continent, & fit
paffer fa flotte par le canal qu'il y avoit fait
creufer.

170. *Toutes ces merveilles furent fans doute
fuivies de quelques grands avantages qu'il
remporta fur les Grecs ?*

Point du tout : jamais expédition ne fut plus
malheureufe. *Thémiftocle*, Général des Athéniens , défit la flotte des Perfes auprès de Sa-
lamine, & l'année fuivante, l'armée de terre
commandée par le même *Mardonius* dont nous
avons parlé, fut entiérement défaite près de
la ville de Platée en Béotie.

171. *En quel temps arriverent ces grands événements?*

L'an du Monde 3500, le 270e. de la fondation de Rome, & 484 ans avant J C.

B 6

172. *Y avoit-il alors quelques Auteurs celebres ?*

L'Auteur de ces temps qui mérite qu'on se souvienne de lui, c'est *Hérodote* d'Halicarnasse, dont nous avons une très-belle Histoire universelle en IX Livres, qui portent le nom des neufs Muses (20)

173. *Qui fut le successeur de Xerxès ?*

Artaxerxes Longue-Main, son fils, qui régna 40 ans.

174. *Xerxès mourut-il de mort naturelle?*

Non; il fut tué par un nommé *Artaban*, Hyrcanien, qui, ayant ensuite blessé *Artaxerxes*, & le voulant tuer, fut puni comme il le méritoit.

175. *Racontez-moi quelques événements du regne d'Artaxerxes ?*

Thémistocle, Général Athénien, banni de sa patrie par l'envie de ses concitoyens, se retira vers ce Roi, qui, oubliant les sujets de douleur qu'il avoit donnés à son pere, lui fit de grandes caresses, & le combla de biens & de faveurs.

176. *Quel étoit alors l'état du peuple de Dieu ?*

Comme tout l'Orient obéissoit au Roi de Perse, les Juifs étoient compris dans cette dépendance. Ils furent heureux sous le regne d'*Artaxerxes* qui les aimoit, & qui leur permit de rebâtir les murailles de Jérusalem, nonobstant les oppositions des Samaritains, des Ammonites, & des Arabes, leurs ennemis.

177. *Les Romains figuroient-ils alors beaucoup dans le monde ?*

---

(20) On en a une Traduction par *du Ryer*, en vol. in-12.

Point du tout; leur puissance étoit fort médiocre, & il y avoit sans cesse chez eux des divisions entre le Peuple & la Noblesse.

178. *Quelle étoit cette Noblesse des Romains?*

Elle consistoit dans les familles patriciennes, qui vivoient avec tant de simplicité, qu'ils menoient la charrue, & cultivoient la terre eux-mêmes.

179. *De quelles Loix se servoient-ils alors?*

Jusqu'à l'an 300 de la fondation de leur ville, ils n'eurent que les Loix de *Numa-Pompilius* & de leurs autres Rois. En ce temps-ci, ils envoyerent cinq Ambassadeurs en Grece s'informer des Loix de cette contrée, & en particulier de celles des Athéniens.

180. *Quel usage firent-ils de ces Loix?*

Ils en firent un choix qu'ils afficherent en public sur douze tables, afin que tout le monde en pût être informé; & le premier jour de chaque mois, on en fit la lecture devant le peuple assemblé : pour la conservation de ces Loix, ils abrogerent les Consuls, & donnerent toute l'autorité à de Magistrats qu'ils appellerent *Decemvirs*.

181 *Cette Magistrature dura-t-elle long-temps?*

Un peu plus de deux ans.

182. *Quelle fut la cause de son peu de durée?*

L'insolence de ces Magistrats: l'un d'eux, appellé *Appius-Claudius*, étant devenu passionné pour une jeune fille, nommée *Virginie*, la fit enlever sous un faux prétexte, disant qu'elle étoit son esclave; & le pere de cette fille l'égorgea de ses propres mains, aimant mieux la voir morte qu'exposée à une pareille ignominie.

183 *Quelle fut la suite de cette action?*

Le peuple prit les armes, ayant *Virginius*
à fa tête, dépofa les Decemvirs, & rétablit
les Confuls & les Tribuns du peuple.

184. *Qu'eft-ce que c'étoit ces Tribuns ?*

C'étoit des Magiftrats que le peuple avoit
obtenus pour le defendre contre l'exceffive
autorité de la Nobleffe.

185. *Les Grecs vivoient-ils alors en paix ?*

Non ; ils eurent diverfes guerres contre
Artaxerxes, dans lefquelles l'avantage fut de
leur côté. Outre cela il y eut entr'eux des
guerres civiles, dont la principale fut celle
des Athéniens & des Lacédémoniens, qui
n'étoient jamais de bonne intelligence à caufe
de la diverfe forme de leur gouvernement.

186. *Se trouvoit-il alors des perfonnages illuf-*
tres en Grece ?

Il y en avoit beaucoup. Les principaux font :
Périclès, fameux Général des Athéniens, &
le Philofophe *Socrate*, le plus grand homme
que la Grece ait jamais produit (21).

187. *En quoi confiftoit le principal mérite de ce*
Philofophe ?

En ce qu'il rappella les hommes de leurs
vaines occupations, à la connoiffance d'eux-
mêmes, & à l'étude de la vertu.

188. *Eut-il beaucoup de difciples ?*

Il en eut un grand nombre pendant fa vie
& beaucoup plus après fa mort.

---

(21) On peut connoître prefque tous les Hommes
illuftres, tant Grecs que Romains, par les *Vies des*
Plutarque, dont M. *Dacier* a donné la Traduction.
Rien n'eft plus inftructif pour les jeunes gens, que
la lecture de cet Ouvrage. On en a auffi des traductions en Anglois, en Allemand, &c.

189. *Quels furent les plus illustres ?*

Sans parler d'*Alcibiade*, qui ne fit point d'honneur à la doctrine de son maître, il eut pour auditeurs, *Platon & Xénophon*, qui réduisirent l'un & l'autre par écrit les enseignements que *Socrate* leur avoit donnés.

190. *Comment mourut Socrate ?*

Il mourut condamné à mort par ses concitoyens, sur l'accusation que lui intenterent deux scélérats, d'introduire d'autres Dieux que ceux du pays, & de corrompre la jeunesse par ses enseignements.

191. *Les Athéniens ne reconnurent-ils pas ensuite leur faute ?*

Ils la reconnurent ; & outre qu'ils bannirent ses accusateurs, ils lui firent dresser des statues dans les places publiques de leur ville.

192 *L'Empire des Perses florissoit-il toujours?*

Oui, quoiqu'il eût beaucoup perdu de son autorité dans l'Asie mineure, par les victoires des Grecs. Ces pertes arriverent sous le regne d'*Artaxerxes* longue–Main, qui, comme nous l'avons dit, régna 40 ans.

193. *Qui fut son successeur ?*

Xerxès II, qui ne régna que deux mois, & auquel succéda *Sogdianus*, qui n'en régna que sept. Ces deux Princes ne firent rien de mémorable.

194. *Qui est-ce qui régna après eux ?*

Darius-Nothus, qui occupa le Trône pendant 19 ans.

195. *Vous avez nommé Alcibiade parmi les disciples de Socrate: donnez-moi une idée de son caractere ?*

C'étoit un jeune homme de naissance & plein d'esprit, mais brouillon & libertin: il porta les armes, tantôt pour fa patrie, & tantôt contre elle, & périt malheureufement par fa mauvaife conduite.

196. *Denis, tyran de Syracufe, ne vivoit-il pas en ce temps-ci?*

Oui; ce fut un Prince vaillant, qui fit la guerre aux Carthaginois, & les vainquit plufieurs fois.

197. *Quels furent les principaux exploits de Denys le tyran?*

Il battit les Carthaginois, qui après plufieurs victoires, s'étoient rendus maîtres de la Sicile.

198. *Qui fut le fuccefeur de Darius-Nothus?*

Artaxerxés, fon fils, le dixieme Roi des Perfes. Ce Prince régna 40 ans, & fut furnommé *Mnemon*, à caufe de fon excellente mémoire.

199. *La mauvaife intelligence continuoit-elle toujours entre les Athéniens & les Lacédémoniens?*

Elle étoit alors dans fa plus grande force, & les Athéniens fe trouvoient les plus foibles. *Lyfandre*, Général des Lacédémoniens, ayant pris la ville d'Athenes, en changea le gouvernement, & ôta au peuple fon autorité, qu'il mit entre les mains de trente tyrans, qui commirent plufieurs cruautés.

200. *Ces violences durerent-elles long-temps?*

Elles ne durerent que trois ans, au bout defquels *Thrafybule*, Athénien, chaffa les Tyrans, & rétablit la Démocratie.

201. *Comment s'appelle cette longue guerre entre les Athéniens & les Lacédémoniens, & combien dura-telle?*

Elle s'appelle la guerre du Péloponnefe, &

elle dura 30 ans. *Thucydide* en a écrit l'histoire. Ce fut la 28e. année de cette guerre, que la ville d'Athenes fut prise par *Lysandre.*

202. *Artaxerxes. Mnemon posseda-t-il tranquillement l'Empire que son p..e lui avoit laissé ?*

Le commencement de son regne fut troublé par la guerre que lui fit le jeune *Cyrus,* son frere, que *Darius-Notus,* avant que de mourir, avoit fait Satrape de l'Asie mineure.

203. *Racontez-moi quelques circonstances de cette guerre ?*

Cyrus avoit dans son armée dix mille Grecs de troupes auxiliaires, commandés par *Cléarque,* Lacédémonien ; & il auroit infailliblement vaincu son frere, si sa témérité ne l'avoit pas fait périr.

204. *Comment cela arriva-t-il ?*

Dans une bataille que *Cyrus* donna à *Artaxerxes,* ce jeune Prince s'avança imprudemment au milieu des ennemis, & y fut tué. Son armée jusqu'alors victorieuse se mit d'elle-même en déroute, ayant perdu son Chef.

205. *Que devinrent les troupes auxiliaires des Grecs?*

Elles se mirent en défense, & ne voulurent jamais se rendre aux Perses. *Cléarque* étant mort par la perfidie des Généraux d'*Artaxerxes, Xénophon,* disciple de *Socrate,* prit le commandement de ces troupes, & les ramena au travers de plusieurs nations barbares, depuis l'Euphrate jusqu'au Pont-Euxin, & de-là en Grece.

206. *Qui est-ce qui a écrit l'Histoire de cette fameuse expédition ?*

Xénophon lui-même, qui n'étoit pas moins bon Ecrivain, qu'excellent Général.

207 *Quels autres grands hommes vivoient alors
en Grece ?*

Un des plus célebres fut *Agéfilas*, Roi de
Lacédémone, bon Général & bon Prince,
fort vertueux. *Xénophon* a écrit fa vie.

208. *En quel état fe trouvoient les affaires
des Romains vers ce temps là ?*

Elles fubirent alors un grand changement. Les
Gaulois, après avoir défait l'armée des Romains, fe rendirent maîtres de la ville de
Rome, qu'ils pillerent : le Capitole feul ne
fut point pris ; & *Camille*, que les Romains
avoient auparavant envoyé en exil, étant fur-
venu avec quelques troupes, châffa les Gaulois.

209. *En quel tems arriva ce grand événement ?*

L'an 364 de la fondation de Rome, &
390 ans avant la naiffance de N. S.

210. *Quel étoit alors l'état de la Grece ?*

Les Lacédémoniens, qui s'étoient rendus
formidables à tous les Grecs, furent reduits
à la derniere extrémité, & déchurent entiérement de leur ancienne gloire.

211. *Quelle fut la caufe de leur décadence ?*

Leur orgueil & leur hauteur, qui les avoient
rendu odieux à tous les Grecs. *Epaminondas*,
Général des Thébains, qui jufqu'alors avoient
été opprimés par les Lacédémoniens, fe révolta
contr'eux, les défit plufieurs fois, & les mit
hors d'état d'opprimer déformais leurs voifins.

212. *Quelle fut le fucceffeur d'Artaxerxes-
Mnemon ?*

Ochus, onzieme Roi de Perfe. Il régna
26 ans. Son Gouvernement ne fut pas fort
tranquille. Plufieurs Satrapes fe révolterent
contre lui ; & les Egyptiens, foumis aux Perfes depuis le regne de *Cambyfe*, élurent un

Roi de leur nation , qui cependant ne se soutint pas long-temps.

213. *Après l'abaissement des Lacédémoniens , les Grecs jouirent-ils de quelque tranquilité ?*

Non ; ils causerent leur propre ruine par des guerres civiles , & par leurs discordes perpétuelles.

214. *Qui est-ce qui en profita ?*

Philippe , Roi de Macédoine , pere d'*Alexandre-le-Grand.* Ce Prince se rendit puissant , & fut encore plus redevable de ses succès à son esprit qu'à sa valeur. Il devint en quelque sorte maître de toute la Grece.

215. *Qui furent ceux de tous les Grecs qui lui résisterent le plus ?*

Les Athéniens , qui , animés par l'Orateur *Démosthene* (22) , s'opposerent de toutes leurs forces , mais inutilement, à la grandeur future des Macédoniens.

216. *Denis le Tyran régnoit-il encore à Syracuse?*

Non ; son fils qui avoit porté le même nom , lui avoit succédé. Il perdit la dignité royale après en avoir joui 38 ans. *Dion* , disciple & ami du Philosophe *Platon* , remit en liberté *Syracuse* , & cette partie de la Sicile , qui en dépendoit.

217. *Ce Prince ne rentra-t-il plus à Syracuse ?*

Il la reprit dix ans après , mais il fut

---

(22) On prendra une idée fort nette des affaires de la Grece dans ce temps-là , en lisant la belle Préface que M. *de Tourcil* a mise à la tête de sa Traduction de *Démosthene.* M. l'Abbé *Auger* a fait une nouvelle Traduction de tout ce qui nous reste de ce célèbre Orateur, en 6 vol. 8vo.

chaſſé de nouveau par un Corinthien , nommé *Timoléon.*

218. *Que devint-il après cela ?*

Il ſe retira à Corinthe , où par une étrange révolution , il fut réduit à tenir école , & à enſeigner des enfants pour gagner ſa vie.

219. *En quel temps naquit Alexandre-le-Grand (23) ?*

Il naquit 356 ans avant N. S. , la même nuit que le fameux Temple de Diane fut brûlé à Epheſe , par *Eroſtrate.*

220. *Comment s'appelloit ſa mere ?*

Olympias , & elle étoit fille de *Neoptolemus ,* Roi d'Epire.

221. *Qui fut ſucceſſeur d'Ochus , Roi de Perſe ?*

Arſes , ſon fils , qui ne régna que quatre ans.

222. *Ce Prince mourut-il de mort naturelle?*

Non. Un de ſes Pages , nommé *Bagoas* , qui avoit tué *Ochus* , & qui après ſa mort avoit mis ſon fils *Arſes* ſur le trône , empoiſonna celui-ci , & mit à ſa place *Darius-Codomannus* , le treizieme & dernier Roi des Perſes.

223. *Ce perfide demeura-t-il impuni ?*

Il porta la peine qu'il avoit méritée. Comme il étoit accoutumé au crime , il voulut auſſi empoiſonner *Darius ;* mais ce Prince ayant preſſenti ſon deſſein , l'obligea de boire

---

(23) On trouve des particularités de ſa vie dans pluſieurs Hiſtoriens. Q. *Curce* l'a écrite toute entiere , mais dans un goût un peu romaneſque. M. *de Vaugelas* en a donné une excellente Traduction.

lui-même le poison qu'il avoit préparé.

224. *Combien d'années regna Philippe, Roi de Macédoine ?*

Il régna 24 ans, au bout desquels il fut tué par un nommé *Pausanias*, le jour même qu'il célébroit les nôces de sa fille *Cléopatre*, avec *Alexandre*, Roi d'Epire.

225. *Quelles furent les premieres actions d'Alexandre, Roi de Macédoine, fils & successeur de Philippe ?*

Il se fit d'abord élire Général de tous les Grecs contre les Perses ; & la ville de Thebes s'étant révoltée contre lui, pendant qu'il étoit à une expédition contre les Thraces, il prit cette ancienne ville à son retour, & la ruina de fond en comble, n'ayant épargné que les maisons du Poëte *Pindare*, & du Général *Epaminondas*.

226. *En quel temps commença-t-il la guerre contre les Persans ?*

Environ l'an 422 de Rome, & 332 avant Notre Seigneur.

227. *Donnez-moi une idée en raccourci de la vie & des conquêtes d'Alexandre-le-Grand ?*

Il defit trois fois les armées innombrables de Darius, avec un petit nombre de troupes. D'abord au passage du Granique, ensuite en Cilicie, après quoi il prit & détruisit la ville de Tyr. La derniere victoire qu'il remporta à la bataille d'Arbelles, fut une action décisive. Darius y ayant été entiérement défait, prit la fuite, & fut tué par un nommé *Bessus*, Satrape de la Bactriane.

228. *Alexandre usa-t-il bien de sa victoire ?*

On ne peut pas mieux, par rapport à la personne & à la famile de *Darius*. Il vengea la mort de ce Prince, & traita avec un très-grand respect sa mere, sa femme & ses filles, auxquelles il conserva toutes le prérogatives de la royauté.

229. *Les guerres d'Alexandre finirent-elles par la conquête de l'Empire des Perses?*

Non; il porta la guerre jusques dans les Indes, où il défit le Roi *Porus* en bataille rangée, après quoi il lui rendit néanmoins ses Etats, se contentant de la gloire de cette expédition.

230. *Que fit Alexandre après son retour des Indes?*

Il se rendit à Babylone, où il mourut la douzieme année de son regne, âgé de 32 ans.

231. *Qui fut son successeur?*

Comme il n'en avoit nommé aucun avant que de mourir, ses Généraux se diviserent en plusieurs factions, qui, après s'être mutuellement détruites, se terminerent à deux puissants Royaumes; celui de Syrie, fondé par *Seleucus-Nicanor*, & celui d'Egypte, qui eut pour premier Roi *Ptolomée*, fils de *Lagus*.

232. *Qu'arriva-t-il en Grece pendant ce temps-là?*

Après la mort d'*Alexandre*, les Grecs travaillerent à se remettre en liberté, mais leurs discordes mutuelles les empêcherent d'y réussir. *Aristote*, fameux Philosophe (24), & Précepteur d'*Alexandre* le Grand mourut âgé de 63 ans, un peu après son éleve.

―――――――――――――――――――――

(24) Sa Philosophie a régné dans les écoles jusqu'à Descartes. Voyez un Traité du Docteur *Launoy*, qui a pour titre: *De varia Aristotelis fortuna.* Et l'Abrégé du grand Ouvrage de Brucker, par M. Formey.

233. *Quels autres grands hommes vécurent en ce temps-ci ?*

Alexandre, Roi d'Epire, oncle maternel d'*Alexandre-le-grand*. Ce Prince étant passé en Italie, où il fit la guerre aux Romains, disoit que son neveu se battoit contre des femmes, tandis que lui faisoit la guerre à des hommes. Il ne faut pas omettre non plus *Agathocles*, fils d'un potier de la ville de *Rhegio*, qui se rendit par sa vaillance, maître de la ville de Syracuse, & fut Roi de toute la Sicile.

234. *Comment se gouvernoient alors les Juifs ?*

Ils vécurent tranquillement sous *Alexandre-le-Grand*, & sous *Seleucus*, Roi de Syrie. *Ptolémée*, Roi d'Egypte, leur accorda divers privileges. Leur Souverain Pontife étoit alors le premier Magistrat.

235. *Quel fut le sort de l'Egypte depuis la mort d'Alexandre-le Grand ?*

Nous avons déja dit que *Ptolémée*, fils de *Lagus*, en fut le premier Roi. Tous les Rois ses successeurs porterent le même nom jusqu'à la Reine *Cléopatre*, sous laquelle ce Royaume devint une Province de l'Empire Romain.

236. *Combien d'années régna Ptolémée, fils de Lagus, & qui fut son Successeur ?*

Il regna 29 ans, & fut surnommé *Soter*, c'est-à-dire, *Sauveur*. Son fils *Ptolémée-Philadelphe* lui succéda, & régna 38 ans.

237. *Le regne de Ptolémée-Philadelphe fut-il remarquable par quelque grand événement ?*

Ce fut du temps de ce Prince, & à ce qu'on croit, que par ses ordres, l'Ancien Testament fut traduit en Grec, dans la ville d'Alexandrie, qui étoit alors la Capitale de toute l'Egypte.

238. *Avons-nous encore cette traduction ?*

Oui, & c'est celle qu'on appelle des LXX. Les Auteurs sacrés du N. T. en ont fait un fréquent usage.

239. *Les Romains eurent-ils en ce temps-là quelque fameuse guerre à soutenir ?*

Ils eurent celle contre *Phyrrus*, Roi d'Epire, un des plus grands Généraux de l'Antiquité.

240. *Quel fut l'origine de cette guerre ?*

Les Romains ayant déclaré la guerre aux habitans de Tarente, par qui ils avoient été insultés, ceux-ci, après avoir été défaits par les Romains, appellerent le Roi *Pyrrhus*, qui passa en Italie à leur secours avec une grosse armée & un nombre considérable d'éléphants.

241. *Pyrrhus remporta-t-il quelque avantage sur les Romains ?*

Il les battit presque toujours; mais ses victoires furent si sanglantes, que, voyant son armée affoiblie, il fut obligé de repasser la mer, & de se retirer dans son Royaume.

242. *Ne revint-il plus en Italie ?*

Il revint après une expédition qu'il avoit faite en Sicile contre les Carthaginois ; mais il ne fut pas plutôt en Italie, qu'il y fut battu par les Romains, & obligé de se retirer.

243. *Que devint-il après cela ?*

Il fit encore diverses guerres ; étant passé dans le Péloponese, il assiégea la ville d'Argos, & l'ayant prise, y entra avec ses troupes : mais comme il passoit dans une rue étroite, une femme jetta une tuile sur sa tête, & le tua.

244. *Quelle autre guerre eurent les Romains après celle-ci ?*

Leur première guerre fut contre les Carthaginois,

thaginois, qu'on appelle autrement la premiere guerre *Punique*. Les habitants de Tarente y donnerent encore occasion, ayant demandé & reçu du secours des Carthaginois contre les Romains.

245. *Combien dura cette premiere guerre Punique?*

Elle dura 24 ans, & les Romains y furent tantôt vainqueurs, & tantôt vaincus.

246. *En quel temps commença-t-elle?*

L'an 490 de Rome, & 264 avant N. S.

247. *N'arriva-t il aucun événement remarquable pendant le cours de cette guerre?*

Rien ne l'est plus que l'action d'*Attilius-Régulus*, Général des Romains, qui, ayant été pris en Afrique par les Carthaginois, & envoyé à Rome pour propofer un échange des prisonniers de guerre, en difluada le Sénat, & retourna à Carthage pour ne pas violer fa parole, quoiqu'il fût que les Carthaginois le feroient cruellement mourir.

248. *Que firent les Romains après la premiere guerre Punique?*

Ayant fait la paix avec les Carthaginois, ils commencerent à fe polir, en cultivant les Lettres & les Beaux-Arts. La Tragédie & la Comédie s'introduifirent à Rome, à l'imitation des Grecs; mais ces commencements groffiers fe reffentoient encore de l'ancienne barbarie.

249. *La paix que les Romains avoient faite avec les Carthaginois fut-elle de longue durée?*

Elle ne dura que 24 ans, & fut fuivie d'une autre guerre qu'on appella la feconde guerre Punique, qui dura 17 ans.

250. *Quelle fut l'origine de cette guerre?*

L'ambition des Carthaginois, & en particulier celle d'*Annibal*, fils d'*Amilcar*, qui, brûlant d'ardeur de fe fignaler, affiégea en

C

pleine paix la ville de *Sagunte*, alliée des Romains ; après quoi ayant passé en Italie, il y remporta de grandes victoires, que sa mauvaise conduite rendit inutiles dans la suite.

251 *Comment finit cette guerre?*

Scipion, surnommé *l'Africain*, passa en Afrique avec des troupes Romaines ; ce qui obligea les Carthaginois à rappeller *Annibal* avec son armée. *Scipion* ayant ensuite défait les Carthaginois, les obligea à faire une paix honteuse, & à bannir *Annibal* de leur pays.

252. *L'Etat des Juifs étoit-il toujours tranquille?*

Non ; les Rois de Syrie commencèrent à les inquiéter sur leur Religion.

253. *Quels étoient alors les Rois les plus puissants & les plus considérables?*

Les Rois d'Egypte, ceux de Syrie, & ceux de Macédoine. L'empire de Parthes commença alors par un Seigneur nommé *Arsaces*, qui secoua le joug des Syriens, & donna son nom à tous ses successeurs, qu'on appelle ordinairement *Arsacides*.

254. *Tous ces Rois se maintinrent-ils contre la puissance des Romains?*

Non, ils furent soumis les uns après les autres, excepté les Parthes qui ne furent jamais subjugués par les Romains.

255. *Quelles autres guerres eurent les Romains en ce temps-ci?*

Pendant la seconde guerre Punique, ils firent la guerre en Sicile, où *Marcus-Marcellus* prit la ville de Syracuse après un siege de trois ans. Le fameux Mathématicien *Archimede* fut tué à la prise de cette ville.

256. *La guerre de Macédoine n'est-elle pas aussi arrivée en ce temps-ci?*

Elle commença immédiatement après la seconde guerre Punique, par la mauvaise conduite de *Philippe*, Roi de Macédoine, qui,
pendant cette guerre, avoit fait une alliance
secrete avec *Annibal*, & avoit outre cela of-
fensé les Romains en diverses occasions.

257. *Quelle fut l'issue de cette guerre?*

Philippe fut battu plusieurs fois; au bout de
cinq ans, il fut obligé d'accepter une paix honteuse, & d'envoyer à Rome en ôtage *Démétrius*, son fils aîné.

258. *Pendant que cela se passoit, qu'étoit de-*
venu Annibal?

Il s'étoit réfugié auprès d'*Antiochus*, Roi de
Syrie, qui se preparoit alors à déclarer la guerre
aux Romains.

259. *Cette guerre se fit-elle en effet?*

Oui, au grand dommage d'*Antiochus*, qui fut
entièrement défait par *Lucius-Scipion*, surnommé à cause de cela l'*Asiatique*. *Antiochus*, ayant
demandé la paix, ne l'obtint que par la perte
de la meilleure partie de ses Etats.

260. *Philippe, Roi de Macédoine, conservoit-il*
toujours les siens?

Il les conserva pendant sa vie, & laissa la
couronne à *Persée*, son fils.

261. *Pourquoi Démétrius, son aîné, ne lui*
succéda-t-il pas?

Persée l'avoit fait assassiner pendant la vie
de son pere, qui en mourut de douleur.

262. *Que devint Persée après cela?*

Il entreprit témérairement la guerre contre
les Romains, & fut vaincu, pris & mené en
triomphe par *L. Æmilius-Paulus*, qu'on appelle ordinairement *Paul-Emile*. La Macé-

C 2

doine devint alors une Province de l'Empire
Romain.

263. *Dites-moi quelque chose de l'état présent
des Juifs?*

C'est à ce temps-ci qu'il faut rapporter
les troubles décrits dans les Livres des Mac-
chabées, & la persécution d'*Antiochus-Epi-
phane*, qui entreprit d'exterminer la religion
Judaïque; ce qui seroit arrivé si *Judas Macchabée*, fils de *Matthatias*, de la race d'*Aa-
ron*, n'avoit pris les armes, & repoussé vaillamment les Généraux du Roi *Antiochus*.

264. *Le Gouvernement des Juifs changea-t-il
alors de face?*

Les souverains Pontifes acquirent plus d'autorité; ils prirent même dans la suite le nom de
Rois. Le premier qui le porta, fut *Aristobule*
environ trois ans avant la naissance de N. S.

265. *Comment s'appelloient ces Princes?*

L'Histoire les nomme *Hasmonéens*; & ce nom
signifie *Princes*.

266. *Pourriez-vous les nommer tous?*

Judas Macchabée fut le premier. *Jonathas*,
son frere, lui succéda, & ensuite *Simon*, aussi
son frere. *Jean Hircan* succéda à *Simon*, son
pere, & *Aristobule*, fils d'*Hircan*, fut le premier Roi, comme nous l'avons dit. Il eut pour
successeur *Alexandre Jannée*, son frere, qui eut
pour fils & successeur, *Hircan*, lequel fut
dépossédé par son frere *Aristobule*, & rétabli
par *Pompée*. Ce fut sous cet *Hircan* qu'*Antipater*
Iduméen, pere du Roi *Hérode*, s'établit à Jérusalem, & y acquit une grande autorité.

267. *Les Romains vécurent-ils en paix après les
conquêtes de Macédoine, d'Afrique & d'Asie.*

Leur grandeur leur fut fatale. Les citoyens

Romains se laisserent aller au luxe & à l'ambition ; ce qui leur fit enfin perdre la liberté (25).

268. *Carthage subsistoit-elle encore ?*

Non. L'an de Rome 605, & 149 avant N. S., elle fut ruinée & renversée de fond en comble, pendant le cours de la troisieme guerre Punique, par *Scipion Emilien*, Général des Romains.

269. *La guerre de Mithridate n'appartient-elle pas à ces temps-ci ?*

Oui ; ce Prince qui étoit Roi de Pont, a été un des plus formidables ennemis des Romains auxquels, quelquefois vainqueur & souvent vaincu, il fit la guerre pendant 40 ans, jusqu'à ce que *Pompée* l'ayant entiérement défait, il se donna la mort de sa propre main.

270. *Quelles furent les autres guerres des Romains ?*

Les plus cruelles furent les guerres civiles entre *Sylla*, *Marius* & *Cinna*. *Sylla*, ayant prévalu, se fit élire Dictateur de la République Romaine, charge qui conféroit une autorité absolue. Pendant qu'il la posséda, il répandit le sang d'une infinité de citoyens, & commit des cruautés inouies.

271. *Quels grands hommes vivoient alors à Rome ?*

Jules-César, *Pompée* & *Cicéron*, qui étoient encore jeunes pendant la dictature de Sylla, qui ne dura que trois ans.

---

(25) Sur tout ce qui regarde l'Histoire de la République Romaine, il faut donner la préférence à *Tite-Live*. Ceux qui ne savent pas le Latin, peuvent se servir de la Traduction de Guérin, revue par M. Cosse, comme nous l'avons déja dit.

272. *Quel étoit le caractere de ces trois illuſ-*
　　tres Romains ?

Céſar & *Pompée* étoient diſtingués par leur
valeur, & *Cicéron* devoit ſa renommée à ſon
ſavoir & à ſon éloquence (26).

273. *D'où Cicéron tira-t-il ſa principale gloire ?*

Ce grand homme, étant Conſul, ſauva la
République du danger où elle étoit de périr
par la conſpiration d'un Noble Romain, nommé *Catilina*, qui étoit convenu avec un grand
nombre de factieux, de mettre le feu à la ville
de Rome, & de changer la conſtitution de
l'Etat, après avoir maſſacré les plus honnêtes
citoyens.

274. *Que faiſoient pendant ce temps-là Céſar*
　　& Pompée ?

Pompée faiſoit la guerre contre les Pirates,
& *Céſar* fut ſoupçonné d'avoir trempé dans la
conjuration de *Catilina* ; mais il ne put pas
en être convaincu.

275. *Céſar & Pompée étoient-ils amis ?*

Ils le devinrent en apparence pour leurs in-
térêts communs, qui les porterent à établir un
Triumvirat, qui fut leur ruine & celle de la
République (27)

276. *Expliquez-moi ce que c'étoit que ce Trium-*
　　virat ?

Il conſiſtoit dans l'alliance que contracterent
entr'eux trois des plus puiſſants citoyens de

---

(26) Il n'y a guere d'ouvrage plus attachant que
la *Vie de Cicéron*, par Midleton, dont M. l'Abbé
Prévôt a donné la Traduction en François.

[27] On a une bonne Hiſtoire des deux Trium-
virats, par M. *Citri de la Guette.*

Rome, *César*, *Pompée*, & *Licinius-Crassus* ; ces trois hommes partagerent l'Empire en-tr'eux ; *César* eut les Gaules, où il fit la guerre pendant dix ans ; *Pompée* eut l'Espagne, & *Crassus*, la Syrie, où étant allé faire la guerre aux Parthes, il périt malheureusement.

277. *Comment finit l'alliance que César & Pom-pée avoient contractée entr'eux ?*

Comme leur grandeur mutuelle leur donnoit de la jalousie, il n'y avoit eu entr'eux que des apparences d'amitié. *César*, ayant demandé le Consulat, & *Pompée*, qui avoit un gros parti, ayant exigé qu'il se rendit pour cela à Rome, & qu'il congédiât auparavant ses troupes, ils en vinrent à une rupture ouverte, après la-quelle *César* entra en Italie avec son armée, se présenta devant Rome, & la prit.

278. *Que devint Pompée ?*

Il avoit abandonné l'Italie, & s'étoit retiré au-delà de la mer, où *César* l'ayant suivi, il défit son armée dans la plaine de *Pharsale* en *Thessalie*, & obligea *Pompée* à prendre la fuite.

279. *Où alla-t-il ?*

Ayant voulu se retirer en Egypte, il y fut massacré par ordre du jeune *Ptolémée*, frere de la fameuse Reine *Cléopâtre*.

280. *Quel fut le fruit des victoires de César ?*

L'entiere ruine de la liberté Romaine, & l'établissement de la Monarchie. *César* se fit nommer Dictateur perpétuel, & songeoit à se faire Roi, lorsque la quatrieme année de sa dignité, plusieurs Conjurés, dont les Chefs étoient *Brutus* & *Cassius*, le massacrerent dans le Sénat.

281. *La République Romaine recouvra-t-elle sa liberté après la mort de César ?*

Non. *Marc–Antoine*, qui étoit un esprit factieux, & adonné au crime, brouilla tout, & prit les armes contre sa patrie.

282. *Comment put-il se soutenir ?*

Octave, petit–fils d'une sœur de *Jules-César*, qui l'avoit adopté dans son testament, prit son nom, & leva des troupes, n'étant âgé que dix-neuf ans, pour faire la guerre à *Antoine*, contre lequel il eut au commencement d'heureux succès; mais ensuite il s'accommoda avec lui, tourna les armes contre la République.

283. *Comment cela arriva-t-il ?*

Antoine s'étant joint à *Lépidus*, qui commandoit une armée dans les Gaules, trouva moyen de s'aboucher avec *Octave*, qui fut nommé depuis l'Empereur *Auguste* (28); & après lui avoir proposé de venger la mort de *César*, le fit consentir à un Triumvirat pour le prétendu rétablissement de la République.

284. *Que produisit ce Triumvirat ?*

Outre la ruine entiere de la liberté, une proscription effroyable des plus riches & des meilleurs citoyens, dont ils mirent les têtes à prix pour s'enrichir de la confiscation de leurs biens. Entre ces proscrits périt *Cicéron*, à qui l'on coupa la tête dans la 63e. année de son âge, 40 ans avant N. S., & l'an de Rome 713.

285. *L'amitié d'Antoine & d'Auguste subsista-t-elle toujours ?*

Non. *Antoine* ayant répudié *Octavie*, sœur d'*Auguste*, s'attacha à *Cléopatre*, Reine d'Egypte, & s'attira une guerre où il périt aussi–bien que

---

(28) M. *de Larrey* a écrit l'*Histoire de l'Empereur Auguste*, en un volume in-12. imprimé à Berlin en 1690.

tte Reine. Ce fut alors que l'Egypte devint une des Provinces de l'Empire Romain.

286. *Difons encore deux mots de l'état des Juifs?*

Antipater, pere d'*Hérode*, laiffa fon fils fort puiffant. Celui-ci, pendant les guerres des Romains, s'agrandit, en favorifant tantôt un parti, & tantôt l'autre. Il fit fi bien, qu'il obtint du Sénat le titre de Roi de Judée, dont les Hafmonéens perdirent entiérement la poffeffion. Ce fut fous fon regne que naquit N. S. J. C., l'an 753 de Rome, & le 3983 du monde.

287. *Les Bataves ont-ils été connus avant la naiffance de N. S.?*

Oui : ils habitoient le pays de Heffe; environ un fiecle avant cette époque, ils le quittérent pour venir s'établir dans les Pays-Bas.

288. *Quand tomberent-ils fous la puiffance des Romains?*

Du temps de *Jules-Céfar*.

ABRÉGÉ
CHRONOLOGIQUE
DE L'HISTOIRE UNIVERSELLE.

SECONDE PARTIE.

289. *Comment diviserons-nous cette seconde partie de l'Histoire universelle ?*

Nous la diviserons premiérement par Epoques & par Périodes, & ensuite par les XVII
Siecles qui se sont écoulés depuis la naissance de N. S. J. C. jusqu'à présent.

290. *Quelle est la distribution des Epoques &
des Périodes ?*

Nous comptons en tout sept Epoques &
six Périodes, jusqu'au temps où nous sommes.

291. *Quelles sont les Epoques ?*

Les voici :

I. La naissance de N. S.

II. La conversion de l'Empereur *Constantin.*

III. Le couronnement de *Charlemagne.*

IV. Le commencement du regne de l'Empereur *Henri* l'Oiseleur.

V. Le couronnement de *Rodolphe*, Comte
de Hapsbourg.

VI. *Frédéric I*, Electeur de Brandebourg.
VII. La naissance de *Frédéric II*, Roi de
    Prusse.

292. *Comment disposez-vous les Périodes ?*

La premiere, depuis la naissance de
N. S. jusqu'à la conversion de
l'Empereur *Constantin*,   312 ans.
La seconde, depuis la conversion de
Constantin, jusqu'au couronnement
de *Charlemagne*,   488 ans.
La troisieme, depuis le couronne-
ment de *Charlemagne*, jusqu'à ce-
lui de *Henri* l'Oiseleur,   120 ans.
La quatrieme, depuis *Henri* l'Oise-
leur, jusqu'à l'élection de *Rodol-*
phe, Comte de *Hapsbourg*, pre-
mier Empereur de la Maison d'Au-
triche,   363 ans.
La cinquieme, depuis l'Empereur
Rodolphe, jusqu'à *Frédéric Ier.*
Electeur de Brandebourg,   144 ans.
La sixieme, depuis *Frédéric Ier.*
Electeur de Brandebourg, jusqu'à
la paix de *Teschen*, conclue le 13
Mai 1779,   362 ans.

293. *De quel usage nous seront ces Epoques*
   & ces Périodes ?

Elles nous serviront à fixer l'ordre des événemens, & nous les marquerons dans leur
lieu, quoique nous ayons choisi une autre
méthode, qui est celle de la suite des siecles,
parce qu'elle est plus courte & plus aisée.

C 6.

PREMIERE PÉRIODE.

Depuis la naiſſance de N. S. juſqu'à la con-
verſion de Conſtantin; 312 ans.

SIECLE I.

294. Q*UEL Empereur régnoit à Rome au temps*
de la naiſſance de N. S. J. C. ?

L'Empereur *Auguſte*, qui, après la défaite
d'*Antoine*, changea en Monarchie l'état de la
République Romaine (29). Il mourut l'an 14
de N. S. , âgé de 76 ans, 43 ans après la mort
d'*Antoine*, ſon compétiteur.

295. *Comment appellez-vous ſon ſucceſſeur à*
l'Empire ?

Tibere, fils de l'Impératrice *Livie*, & de
Domitius Néron, ſon premier mari. *Auguſte*
adopta *Tibere*, & le nomma ſon ſucceſſeur.

296. *Quel étoit le caractere de Tibere ?*

C'étoit un Prince habile & éclairé, mais
cruel, ſoupçonneux & voluptueux. Il parvint à l'Empire à l'âge de 55 ans; & il en
avoit 78 lorſqu'il mourut, après un regne
de 23 ans, l'an 37 de N. S. (30).

---

(29) On a pour l'Hiſtoire des Empereurs juſqu'à
Conſtantin, l'Ouvrage de M. *de Tillemont*, qui eſt d'une
fort grande exactitude, & enſuite celle de *Crevier*.

(30) Liſez *Tacite*, dont on a les Traductions de
d'*Ablancourt* & d'*Amelot de la Houſſaye*. M. *d'Alembert*
en fait eſpérer une, dont il a déja donné de beaux
échantillons dans ſes *Mélanges*. M. l'Abbé *de la Blet-*
terie nous a fourni une Traduction des Annales de
cet Auteur incomparable.

297. *Combien N. S. a-t-il passé d'années sur la terre?*

Trente-trois ou trente-quatre ans au plus. Il naquit l'an 29 de l'Empereur *Auguste*, à compter depuis la bataille d'*Actium* où *Antoine* fut vaincu, & mourut vers la fin du regne de *Tibere*, l'an de Rome 785 ou 786.

298. *Où peut-on puiser ce qui concerne la vie de N. S.?*

Ce que nous avons de certain sur ce sujet est compris dans les Livres historiques du N. T. Les quatre Evangélistes nous instruisent de la vie de J. C., & les Actes des Apôtres, écrits par St. *Luc*, nous ont conservé l'Histoire des commencements de l'Eglise.

299. *N'avons-nous point d'autres Historiens comtemporains, qui ayent traité de ce qui s'est passé pendant les trois premiers siecles de l'Eglise?*

Non; il ne nous reste que peu de monuments de ces temps-là. Tout ce que nous savons de plus certain, c'est que l'Eglise de Dieu, en moins de 100 ans, se répandit dans tous les pays du monde (31).

300. *Qui fut le successeur de l'Empereur Tibere?*

Cajus-Caligula, fils de *Germanicus*, & petit-fils de *Drusus*, fils de *Livie*, frère puîné de *Tibere*.

---

(31) On peut lire avec fruit l'*Histoire de l'Eglise & de l'Empire*, par Le Sueur. En fait d'Histoire ecclésiastique, celle de *Fleury* est la plus recherchée. M. Le Clerc a donné en Latin l'Histoire des deux premiers siecles, & M. Formey un très-bon Abrégé de l'Histoire ecclésiastique, en 2 vol. in-12.

3**0**. *Quel étoit le caractere de ce Prince ?*

Ce fut un monstre de cruauté & d'impiété. On dit, qu'impatient de régner, il étrangla de ses propres mains l'Empereur *Tibere*, dans l'Isle de Caprée, ce Prince étant à l'agonie.

302. *Quelles énormités raconte principalement l'Histoire, en parlant de Caligula ?*

Il disoit ordinairement, qu'il auroit souhaité que le peuple Romain n'eût qu'une tête, afin de la pouvoir couper en une seule fois. Avec tous ces vices, il vouloit être traité en Dieu, & adoré comme tel.

303. *Ces égarements procédoient-ils d'une mauvaise éducation, ou d'un mauvais naturel ?*

On croit qu'un philtre, ou breuvage, que lui avoit donné sa maîtresse *Césonie*, qu'il aimoit passionnément, lui avoit renversé l'esprit.

304. *Régna-t-il long-temps ?*

Un peu moins de quatre ans. Une troupe de Conjurés, dont *Chérée*, un des principaux Officiers de ses Gardes, étoit le chef, le tua dans son palais. *Césonie*, & une jeune fille qu'elle avoit eue de *Caligula*, furent aussi tuées par les mêmes Conjurés.

305. *Quel âge avoit Caligula quand il mourut ?*

Il étoit âgé de 29 ans; & il avoit commencé à régner à 25. On croit que ce fut sous son régne que St. Pierre établissoit le Saint Siege à Rome.

306. *Qui lui succéda ?*

Son oncle *Claude*, fils de *Drusus*, qui commença à régner l'an 41 de N. S.

307. *Avant que d'aller plus avant, donnez-moi, une Généalogie complette de la Maison de l'Empereur Auguste ?*

Octave, surnommé *Auguste*, & qui prenoit

auffi le nom de *César*, à cause de fon gra[nd]
oncle *Jules César*, qui l'avoit adopté dans f[on]
teftament, eut deux femmes. De la premie[re],
nommée *Scribonia*, il n'eut qu'une fille, & [de]
Livie, la feconde, il n'eut point d'enfants.

308. *Comment s'appelloit la fille d'Augufte*
    de Scribonie ?

Julie. Cette Princeffe eut trois maris. [J.]
Marcellus, fils d'*Octavie*, fœur d'*Augufte*; *Agri*[p]
pa & *Tibere*, qui fut depuis Empereur.

309. *Eut-elle des enfants ?*

Elle n'en eut que d'*Agrippa*. Ces enfants fu[nt]
trois fils & trois filles. Les trois fils fu[nt]
Cajus & *Lucius-Céfar*, & *Agrippa*, furno[m]
mé *Pofthume*, parce qu'il étoit né aprè[s la]
mort de fon pere.

310. *Comment fe nommoient les deux fill[es]*
    Julie, furnommée la *Jenue*, & *Agripp*[i],
femme de *Germanicus.*

311. *Quel fut le fort des trois Princes, [fil]s*
    d'Agrippa & de Julie ?

Cajus & *Lucius-Céfar*, que l'Empereur [Au]-
gufte avoit adoptés périrent jeunes par les [in]-
trigues de l'Impératrice *Livie* & de *T*[ibere]
fon fils. Et *Agrippa* qu'*Augufte* avoit rel[é]é
dans une Ifle, y fut tué par ordre de *Ti*[bere],
immédiatement après la mort d'*Augufte.*

312. *Quel étoit le caractere de Julie, fille d'Au*[gu]*fte?*

Ce fut une Princeffe de mœurs fi dé-
glées, que l'Empereur fon pere fût obli[gé de]
la reléguer dans l'Ifle *Pandataria*, qui [s'ap]-
pelle aujourd'hui l'Ifle de *Ste. Marie*, [à la]
côte du Royaume de Naples, au haut du [gol]-
phe de *Gaëte*. Elle finit triftement fes [jo]urs
dans cet exil.

313. *Eft-ce là toute la Généalogie de* [l']*Em*—

pereur Auguſte?

Non ; il eut outre cela deux fils adoptifs, n de l'Impératrice *Livie*, & de ſon premier mri, *Domitius-Néron*, &c. Ces deux fils fu-rt l'Empereur *Tibere* & *Druſus-Néron*

314. *L'Empereur Tibere eut–il des enfants ?*
Il en eut, mais ils moururent avant lui.

315. *Que devint Druſus ſon frere?*
Il mourut d'une chûte de cheval en Alle-mgne, où il faiſoit la guerre.

16. *Eut–il poſtérité ?*
Il eut deux fils & deux filles. Le premier des fils fut *Germanicus*, mari d'*Agrippine*. Ce rince fut empoiſonné en Aſie par les in-trues de *Tibere* & de *Livie*. Le ſecond fils de *Druſus*, fut l'Empereur *Claude*, ſucceſſeur de *Caligula*, fils de *Germanicus* & d'*Agrippine*.

17. *Claude eut–il des enfants ?*
Il eut de *Meſſaline*, ſa troiſieme femme, *Octavie*, épouſe de l'Empereur *Néron*, & *Clude-Britannicus*, que *Néron* fit mourir la pmiere année de ſon regne.

18. *Quel étoit le caractere de Claude?*
Il n'eut ni vices, ni vertus : quoiqu'il eût quque érudition, il ſe laiſſoit gouverner par ſes affranchis & par ſes femmes, qui lui fi-ret commettre pluſieurs mauvaiſes actions.

9. *Combien régna-t-il d'années ?*
Il régna treize ans, & mourut âgé de ſoixante-quatre ans, l'an 54 de N. S.

20. *De quel mort mourut-il?*
Agrippine, ſa quatrieme femme, l'empoi-ſonl dans un plat de champignons.

21. *Quel motif put la porter à ce crime?*
Le deſir qu'elle avoit de voir ſon fils *Né-ron* Empereur. Elle l'avoit fait adopter par

Empereur *Claude* pour exclure *Britannicus*
de la succession à l'Empire.

322. *Qui étoit cette Agrippine ?*

Elle étoit propre niece de *Claude*, fille de
Germanicus son frere, & de l'autre *Agrippine*,
dont nous avons parlé ci-dessus.

323. *Quelle raison avoit elle de desirer que son
fils parvînt à l'Empire ?*

Sa seule ambition. On dit qu'un Devin lui
ayant prédit que son fils la feroit mourir, s'il
devenoit Empereur, elle s'écria : *Qu'il me tüe,
pourvu qu'il regne !*

324. *Qui étoit le Pere de Néron ?*

Il se nommoit *Cneius-Domitius-Néro*, mé-
chant mari d'une méchante femme. Quelqu'un
le félicitant un jour de la naissance de *Néron*
son fils, il répondit : *De ma femme & de moi,
il ne peut rien naître que de très-mauvais.*

325. *Néron fut donc effectivement un très-méchant
homme ?*

C'est un des plus détestables Empereurs qui
ayent jamais gouverné l'Empire Romain.

326. *Quels furent ses principaux crimes ?*

Il empoisonna son frere *Britannicus*, & fit cruellement mourir *Octavie* son épouse, Princesse
très-vertueuse, qui n'étoit âgée que de vingt
ans. Outre cela il fit assassiner *Agrippine* sa
mere, & obligea *Séneque*, son Précepteur,
à se donner la mort. Pour combler tous ses
crimes, il fut le premier Empereur qui persécuta cruellement l'Eglise de Jesus-Christ.

327. *Quel prétexte prit-il pour entreprendre
de persécuter les Chrétiens ?*

Il avoit lui-même mis le feu à la ville de
Rome, & cet incendie avoit causé des dom-
mages infinis. Pour détourner le soupçon du

peuple, qui ne pouvoit que tomber fur lui,
il accufa les Chrétiens de cette mauvaife action,
& fuborna de faux témoins pour les en char-
ger. Quoique leur innocence fût connue du
peuple, cela n'empêcha point *Néron* de les
faire périr par les plus cruels fupplices qu'il
pût inventer.

328. *Ne fit-il pas auffi mourir les Apôtres St.
Pierre & St. Paul?*

C'eft le fentiment le plus commun. Cependant il eft certain qu'ils ne moururent point
à l'occafion de l'incendie de Rome, & d'ailleurs plufieurs Savants nient abfolument que
St. Pierre foit jamais venu en Italie.

329. *Qui eft-ce qui régnoit alors à Jérufalem?*

Les Romains en étoient les maîtres, & les
Empereurs y envoyoient des Gouverneurs.
La poftérité d'*Hérode* régna pourtant en Judée, jufqu'à la deftruction de cette ville, l'an
70 de N. S. J. C.

330. *Donnez-moi une idée abrégée de ces Rois?*

Hérode le Grand, fous lequel naquit notre
Seigneur, eut plufieurs fils, entr'autres *Ar-
chelaüs* & *Hérode*, furnommé le *Tétrarque:*
D'un autre de fes fils, furnommé *Ariftobule*,
naquit le Roi *Agrippa*, dont il eft fait mention dans les Actes des Apôtres; & cet *A-
grippa* eut un fils du même nom, qui furvé-
cut à la prife de Jérufalem, par *Titus*.

331. *Quels hommes illuftres vécurent dans
ce fiecle, depuis le regne d'Augufte jufqu'à
celui de Néron?*

Tite-Live, Auteur de l'Hiftoire Romaine.
Les Poëtes *Virgile*, *Ovide* & *Horace*, fous
Augufte. Sous *Tibere*, *Valere-Maxime* & *Vel-
leius-Paterculus*; & fous *Néron*, le Philofophe

neque, son Précepteur, & le Poëte Lucain.

332. *Combien d'années régna Néron ?*

Il régna 13 ans & 9 mois, & mourut âgé de 31 ans, l'an 69 de N. S.

333. *Comment mourut-il ?*

Ses crimes l'ayant rendu l'exécration du genre humain, tout l'Empire se souleva contre lui, & ses propres gardes l'abandonnerent. Ayant appris, dans une maison de campagne où il étoit caché, que le Sénat l'avoit condamné à une mort infâme, il se tua de ses propres mains.

334. *Qui fut son Successeur ?*

Servius-Sulpicius-Galba, qui ne régna que sept mois, & qui fut tué par la faction d'Othon. Celui-ci ne régna que trois mois, & se tua lui-même, après une bataille qu'il avoit donnée contre les troupes de *Vitellius*, qui n'occupa l'Empire que huit mois, au bout desquels il fut massacré par les soldats de *Vespasien*, qui lui disputoit l'Empire.

335. *Où étoit alors Vespasien ?*

Il étoit dans la Province de Syrie, dont *Néron* l'avoit fait Gouverneur. Les Juifs s'étoient alors révoltés contre les Romains, & *Vespasien* avoit commencé à leur faire la guerre avec de fort heureux succès. Ayant appris que son parti avoit prévalu sur celui de *Vitellius*, il laissa à son fils *Titus* la conduite de la guerre contre les Juifs & se rendit à Rome, après avoir passé en Egypte, où il fit peu de séjour.

336. *Vespasien étoit-il homme de naissance ?*

Non ; mais il avoit beaucoup de mérite & de valeur. La famille des Césars finit en la personne de *Néron*, & les Empereurs suivants n'ont prit le nom de *César*, que parce que

les Romains y étoient accoutumés ; de forte
que ce nom qui au commencement étoit un
nom de famille, devint dans la fuite un titre
de dignité.

337. *Vefpafien avoit-il des enfants ?*

Il en avoit deux qui régnerent fucceffive-
ment après lui, *Titus & Domitien.*

338. *Combien d'années régna Vefpafien ?*

Il régna dix ans & demi.

339. *Qui fut fon fucceffeur ?*

Titus, fon fils aîné, qui, au commencement de fon regne, avoit pris & détruit la
ville de Jérufalem.

340. *Titus régna-t-il long-temps ?*

Il ne régna que trois ans, & fut fort regretté
de tous les peuples foumis à l'Empire Romain.

341. *C'étoit donc un bon Prince ?*

Il l'étoit à un tel point, qu'il mérita d'être
appellé les délices du genre humain. Son plus
grand plaifir étoit de faire du bien. Un foir
fe fouvenant que le jour s'étoit paffé, fans
qu'il eut accordé aucun bienfait, il dit d'un
air chagrin aux gens de fa fuite : *Mes amis,
j'ai perdu la journée.*

342. *A qui laiffa-t-il l'Empire après lui ?*

A fon frere *Domitien*, qui ne lui étoit en
rien femblable.

343. *Quel étoit donc le caractere de Domitien ?*

C'étoit un très-mauvais Prince, un fecond
Néron, auquel il reffembloit de mœurs & de
vifage. Auffi le nomma-t-on *Néron-le-chauve*,
parce que les cheveux lui manquoient fur le
devant de la tête.

344. *Pouvez-vous me dire quelques circonftances
particulieres des mœurs & de la cruauté
de Domitien ?*

sur de vains soupçons, & sur des rapports
qu'il ne se donnoit pas la peine de vérifier,
il fit cruellement mourir un grand nombre
de Citoyens Romains, & il bannit de Rome,
sous peine de la vie, toutes les personnes qui
faisoient profession de philosophie. Sa devise
étoit comme celle de *Néron* : *Qu'on me haïsse
pourvu qu'on me craigne.*

345. *Ce Prince se faisoit donc craindre & obéir ?*

Il le faisoit avec tant de hauteur, qu'il pro-
posoit tous ses Edits en ces termes : *Notre
Seigneur & notre Dieu Domitien ordonne telle
& telle chose.*

346. *Un pareil tyran ne pouvoit manquer de
persécuter les Chrétiens ?*

C'est aussi ce qu'il fit ; mais cette persécution qu'on appelle la seconde, ne fut pas de
durée, *Domitien* étant mort peu de temps
après qu'il l'eut entreprise.

347. *Arriva-t-il quelques évènements interes-
sants pendant cette persécution ?*

Domitien fit mourir pour la profession du
Christianisme *Flave. Clément*, son cousin, &
Flavie-Domitille, son épouse. Outre cela, il envoya St. *Jean* l'Evangéliste en exil, dans l'isle
de *Pathmos*, où Dieu lui fit voir ces admira-
bles visions qu'il a lui-même décrites dans le
Livre de l'Apocalypse.

348. *Quel fut la durée du regne de Domitien ?*

Il régna 14 ans, au bout desquels il fut tué
par des ennemis, à la tête desquels étoit un
Capitaine de ses Gardes.

349. *En quel année mourut-il ?*

L'an 96 de N. S.

350. *Qui fut son successeur ?*

L'Empereur *Cocceius-Nerva*, qui annulla tou-

tes les ordonnances & les loix de l'Empereur
Domitien : alors St. *Jean* l'Evangéliste sortit de
l'Isle de *Pathmos* , & retourna à *Ephese* , où
il faisoit son séjour ordinaire.

351. *Quel étoit le caractere de Nerva?*

Ce fut un Prince fort vertueux, mais qui
n'avoit pas assez de vigueur pour gouverner
l'Empire , tant à cause de son âge déja fort
avancé, qu'à cause de la douceur de ses mœurs.

352. *Quel bien fit-il à l'Empire Romain ?*

En adoptant l'Empereur *Trajan* , il lui pro-
cura un des meilleurs Princes qui ayent jamais
été au monde.

353. *Combien de temps régna Nerva?*

Un an & quelques mois, au bout desquelle
Trajan remplit sa place, l'an 98 de N. S.

354. *L'Histoire de ce siecle fait-elle mention*
   des Frisons?

Ils ne furent connus des Romains , que lorsque *Drusus* les vainquit , & les rendit tributaires.

355. *Porterent-ils tranquillement ce joug ?*

Non , ils se souleverent à diverses reprises
& donnerent de l'occupation aux Généraux
Romains , *Apronius* , *Corbulon* & *Avitus*.

356. *Que faisoient alors les Bataves ?*

Ils donnerent d'abord du secours aux Romains contre les Frisons , mais ensuite ils se
souleverent en 69 , ayant pour chef de leur révolte , *Claudius-Civilis*. *Cerialis* , envoyé par
Vespasien contre les Bataves , les força de quitter
les armes , mais à condition d'être reconnu
pour alliés des Romains , comme auparavant ,
& de ne payer aucun tribut.

SIECLE II.

357. *L'EMPEREUR Trajan mérita-t-il en effet les louanges que lui donnent unanimement tous les Historiens ?*

Ces louanges n'ont été contredites par personne, & le témoignage de tous les siecles les a confirmés, quoique le détail de ses actions ne soit pas parvenu jusqu'à nous, la plupart des Historiens de son temps étant perdus.

358. *Se signala-t-il à la guerre ?*

Oui : il joignit à l'empire plusieurs nations barbares, entr'autres les Daces qu'il soumit entièrement, ayant obligé leur Roi *Décébale* à se donner la mort de ses propres mains. Ces peuples habitoient ce qu'on appelle aujourd'hui la Transylvanie.

359. *Reste-t-il quelque monument de cette expédition ?*

On voit encore aujourd'hui à Rome une belle colonne, qu'on appelle la *Colonne Trajane*. Elle est creuse par-dedans, avec un escalier pour monter au haut ; & par dehors, elle est ornée de très-belles sculptures en bas-relief, qui représentent les deux expéditions de *Trajan* contre les Daces.

360. *Trajan ne fit-il point d'autres guerres ?*

Il fit la guerre aux Arméniens, aux Sarmates & aux Parthes ; & il fut toujours vainqueur.

361. *Comment se gouvernoient alors les Juifs ?*

Après la prise de Jérusalem, ils furent entièrement soumis à l'Empire Romain. Les Juifs répandus en Egypte & dans la Cyrénaïque, s'étant révoltés, furent entiérement défaits, & l'on en maffacra un grand nombre. Depuis la mort de N. S., ils ont toujours été miférables.

362. *Les vertus de Trajan ne font-elles fouillées d'aucune tache ?*

On ne peut lui reprocher que la perfécution de l'Eglife de J. C., & cette perfécution ne fut pas de longue durée. *Pline* le jeune, qui étoit alors Proconful de Bythinie, où le nombre des Chrétiens étoit fort grand, ayant écrit à l'Empereur une très-belle Lettre, que nous avons encore aujourd'hui, & dans laquelle il rend témoignage à l'innocence des mœurs des premiers Chrétiens ; *Trajan* fit ceffer les procédures contr'eux (32).

363. *St. Jean l'Evangélifte vivoit-il encore ?*

Non ; il mourut au commencement du fecond fiecle, âgé de plus de 90 ans.

364. *Quels grands hommes ont vécu du temps de Trajan ?*

Plutarque, fameux Philofophe Grec ; *Corneille-Tacite*, qui a écrit l'Hiftoire Romaine ; *Suétone*, dont nous avons celle des douze premiers Empereurs, & *Pline* le jeune, qui nous a laiffé fes Lettres & le Panégyrique de *Trajan*.

365. *Combien cet Empereur a-t-il régné d'années ?*

Il a régné 19 ans ; & il eft mort l'an 117 de l'Ere Chrétienne.

366. *De quelle nation étoit-il ?*

Il étoit Efpagnol, & c'eft le premier étranger qui ait régné à Rome.

---

(32) Voyez mon *Philofophe Payen*, & en particulier, le tome III.

367.

367. *Comment appellez-vous son Successeur?*
Adrien, en Latin *Ælius Hadrianus.*

368. *Quel a été le caractere de ce Prince?*

On en peut dire beaucoup de bien & beaucoup de mal. Il avoit de l'esprit & du savoir ; mais il vouloit exceller seul en toutes choses ; & haïssoit ses compétiteurs jusqu'à la cruauté. Il écrivit une fois contre un fameux Philosophe, nommé *Favorin.* Celui-ci, au-lieu de répondre, se contenta de dire : *Il n'y a point de sûreté à écrire contre celui qui peut proscrire.*

369. *Rapportez-moi, je vous prie, quelques événements de la vie d'Adrien?*

Il avoit attaché son affection à un jeune homme d'une parfaite beauté, nommé *Antinoüs.* Ce jeune homme s'étant noyé dans le Nil, *Adrien* le fit mettre au nombre des Dieux, & lui érigea des temples ; en sorte que cette divinité ridicule a été adorée dans tout l'Empire Romain jusqu'à la destruction du Paganisme.

370. *Adrien ne fit-il point bâtir des villes, ou d'autres monuments à son honneur?*

Il fit bâtir un monument somptueux à Rome ; on l'appelloit autrefois la *Masse d'Adrien*, & c'est aujourd'hui le *Château St. Ange.* Outre cela il entreprit de remettre Jérusalem sur pied, & lui donna le nom d'*Elie Capitoline.*

371. *Les Juifs virent-ils cela de bon œil?*

Nullement ; ils se révolterent, & ne furent soumis qu'après une très-cruelle guerre, où il périt une quantité innombrable de Juifs.

372. *Qui fut l'auteur & le chef de leur révolte?*

Un misérable Juif, qui se faisoit nommer *Barcocheba*, ou le fils de l'Etoile. Cet imposteur se disoit le Messie des Juifs, & l'Etoile prédite par le Prophete *Balaam.* Tous

D

les Juifs se rendirent en foule vers lui, pour
vérifier la prédiction de N. S. *Je suis venu
au nom de mon Pere, & vous ne me recevez
point : Si un autre vient en son propre nom,
vous le recevrez.*

373. *Que devint cet imposteur ?*

Il périt misérablement dans cette guerre,
& a laissé un nom fort odieux aux Juifs, qui
l'appellent aujourd'hui *Barchozba*, c'est-à-dire,
fils de mensonge.

374. *Combien a duré le regne de l'Empereur
Adrien ?*

Vingt ans & onze mois. Il mourut l'an 138
de N. S., âgé de soixante-deux ans & demi.

375. *A qui laissa-t-il l'Empire ?*

A *Antoine*, surnommé *le Pieux*, qui régna jusqu'au commencement de l'an 161, &
qui gouverna avec autant de sagesse que de
bonté.

376. *Cet Empereur étoit-il parent d'Adrien ?*

Non : *Adrien* l'avoit adopté à cause de sa
vertu.

377. *Est-il arrivé de grands événements sous
son regne ?*

Comme la plus grande & la meilleure partie des Historiens du second siecle n'existent
plus, on n'en peut dire que fort peu de chose.
Le Christianisme s'étendoit de tous côtés, malgré
les persécutions qui furent alors assez fréquen-
tes par tout l'Empire Romain.

378. *N'y eut-il aucun Chrétien qui prît la plume
pour la défense du Christianisme ?*

Il y en eut plusieurs ; entr'autres, *Justin
Martyr*, Philosophe converti à notre sainte
Religion, de laquelle il a fait deux belles
Apologies que nous avons encore. Ce saint

l'Homme fut enfin brûlé tout vif à Rome pour la foi de N. S. J. C.

379. *Le Paganisme produisit il aussi quelques hommes illustres ?*

Galien, fameux Philosophe & grand Médecin, florissoit alors ; aussi-bien qu'*Arrien*, autre Philosophe, duquel nous avons de très-beaux ouvrages, & entr'autres une vie fort bien écrite d'*Alexandre* le Grand.

380. *Qui est-ce qui succéda à l'Empereur Antonin-le-Pieux ?*

Il eut deux Successeurs qu'il avoit adoptés l'un & l'autre, & qui régnerent tous deux ensemble

381. *Dites-moi leurs noms ?*

Marc-Aurele-Antonin, surnommé le *Philosophe*, & *Lucius-Ælius-Verus*, qui fut son Collegue à l'Empire. On vit alors, pour la premiere fois, deux Empereurs régner ensemble.

382. *Quel étoit le caractere de ces deux Princes ?*

Ælius-Verus étoit un homme aimant ses aises, & voluptueux ; d'ailleurs d'un naturel éloigné de la cruauté & de l'injustice. Il ne régna qu'un peu plus de huit ans, au bout desquels il mourut d'apoplexie, laissant l'Empire entier à *Marc-Aurele*, qui lui étoit fort supérieur en science & en vertu. La concorde cependant avoit été fort grande entr'eux, pendant qu'ils régnerent ensemble.

383. *Avez-vous encore quelque chose à remarquer au sujet de Marc-Aurele ?*

Il a été l'Empereur le plus vertueux qui ait jamais régné. Sa vie fut une suite continuelle de belles actions, & les Historiens conviennent unanimement, que tant en qualité d'Empereur que dans sa vie privée, il a été un des plus grands hommes qui ayent jamais été au monde.

   384. Sous un si bon Prince, la Religion Chré-
      tienne ne fut sans doute exposée à aucune
      persécution?

Les Chrétiens ne laisserent pas d'avoir à souffrir, les Loix de l'Empire ne leur étant point favorables, & l'Empereur lui-même, qui faisoit profession de Philofophie, étant prévenu contre eux, comme cela paroît par ce qu'il en a écrit dans son Livre de *Réflexions*, où il accuse les Chrétiens d'opiniâtreté & d'entêtement.

   385. Il perfécuta donc violemment le Chriftianifme?

On ne peut pas dire cela, quoique de son temps il y ait eu quelques martyrs. Un savant Chrétien, nommé *Athénagoras*, lui adressa une belle Apologie de notre sainte Religion ; & l'on peut préfumer que l'Empereur eut égard à ses remontrances, & à l'innocence des Chrétiens injuftement perfécutés.

   386. Marc–Aurele eut-il des guerres à effuyer
      pendant son règne?

Il en eut plusieurs ; une contre les Parthes, qu'il défit après avoir été vaincu la premiere fois ; une autre contre *Avidius–Caffius*, fameux Général Romain, qui s'étoit révolté contre lui, & avoit pris le nom d'Empereur ; enfin, la derniere guerre en Allemagne, où il mourut après avoir régné 19 ans.

   387. Donnez-moi une idée abrégée de sa vie &
      des années de son règne?

Il vécut 58 ans, parvint à l'Empire l'an 161, & mourut au mois d'Avril de l'an 180 de N. S.

   388. Qui fut son Successeur?

L'Empereur *Commode*, (*L. Aurelius-Com-*

modus) très-mauvais Prince, & fils indigne d'un si bon pere. Après tant de vertueux Empereurs, ce monstre commença à faire revivre la mémoire & les mœurs des *Nérons* & des *Domitiens*.

389. *De qui tenoit il ces mauvaises inclinations ?*

En partie de l'indulgence de ceux qui l'avoient élevé par ordre de l'Empereur son pere , dont la modération & la douceur furent en cela fatales à l'Empire, & en partie de l'Impéra-trice *Faustine*, sa mere, Princesse dont l'Hi-stoire ne parle pas avantageusement.

390. *Combien d'années régna l'Empereur Commode ?*

Environ 12 ans. Il mourut sur la fin de l'an 190 de N. S.

391. *Comment périt-il ?*

Après avoir cruellement fait mourir plu-sieurs Sénateurs, & quantité d'autres person-nes innocentes, *Marcia*, sa concubine, aidée de deux de ses Chambellans, nommés *Lætus* & *Electus*, le fit étrangler.

392. *Quelles raisons la porterent à une entre-prise si hardie ?*

Commode avoit écrit sur des tablettes le nom des personnes qu'il vouloit faire mourir le lendemain. Ces tablettes tomberent entre les mains de *Marcia*, qui, se voyant sur la liste, prit le parti de prévenir celui qui vouloit la faire massacrer.

393. *Entre les mains de qui tomba l'Empire Romain après la mort de Commode?*

Lætus & *Electus* choisirent pour Empereur un vieux Sénateur, nommé *P. Helvius-Pertinax*, qui n'accepta l'Empire que malgré lui.

394. *Régna-t-il long-temps ?*

Un peu moins de trois mois, ou en tout
88 jours. Les soldats de la Légion Préto-
rienne, qui étoit la garde des Empereurs,
choqués de l'auflérité de fes mœurs, le maffacrerent cruellement, au grand regret du Sénat & de toute la Ville de Rome.

395. *Quelles furent les fuites de cette déteftable
action ?*

Ces révoltés, s'étant retranchés dans leur
camp aux portes de Rome, mirent l'Empire
à l'encan, & le donnerent enfin à un Sénateur,
nommé *Didius-Julianus*, homme de mauvaifes
mœurs, & qui n'en jouit pas long-temps,
les mêmes foldats qui l'avoient élu, l'ayant
tué au bout de deux mois.

396. *Pourquoi le tuerent-ils ?*

Parce qu'il ne pouvoit pas leur fournir les
groffes fommes d'argent qu'il leur avoit pro-
mifes, lorfqu'ils lui vendirent la dignité Impériale.

397. *A quoi aboutirent tous ces troubles de
l'Empire Romain ?*

Un fameux Général, nommé *L. Septimius-
Severus*, qui commandoit les armées Romaines
en Pannonie, fe fit élire Empereur par fes
troupes; pendant qu'un autre Général, nommé
Clodius Albinus, faifoit la même chofe en
Angleterre; & un autre, appellé *Pefcennius-
Niger*, en Syrie. *Severe* prévalut fur fes deux
compétiteurs, & après divers combats, fe
rendit maître de l'Empire Romain.

398. *Etoit-ce un Prince de mérite ?*

Voici le jugement qu'en a porté le Sénat
Romain : *Ce Prince ne devoit jamais naître, ou il
ne devoit jamais mourir.*

399. *Quel eft le fens de ces expreffions ?*

La cruauté de *Sévere* l'avoit rendu odieux, sur-tout au commencement de son regne; mais son amour pour la justice devint si utile au public, que sa mort causa des regrets universels.

SIECLE III.

400. *QUEL étoit l'état du Christianisme sous le regne de l'Empereur Sévere?*

Cet Empereur défendit, sous de grieves peines, à tous les sujets de l'Empire, d'embrasser la Religion Chrétienne.

401. *Que résulta-t-il de cette défense?*

Plusieurs Chrétiens moururent sous le regne de *Sévere*, condamnés pour la foi, & l'on compte parmi eux, *Léonide*, pere du fameux *Origene*.

402. *Le Christianisme se soutenoit donc au milieu de ces persécutions?*

Oui, & même il s'augmentoit sans cesse dans toutes les Provinces de l'Empire. Plusieurs savants Payens l'embrasserent, entre lesquels il faut distinguer *Tertulien*, qui, outre plusieurs ouvrages pleins de savoir & d'éloquence, écrivit au commencement de ce siecle une Apologie admirable de la Religion Chrétienne (33) Il vivoit à Carthage en Afrique, & il a écrit presque tous ses Livres en Latin.

____

(33) M. *Giry*, de l'Académie Françoise, en a donné une excellente Traduction.

403. *Vous avez parlé d'Origene ; qui étoit-il,
      & où a-t-il vécu ?*

Origene naquit à Alexandrie en Egypte, où
il paſſa la meilleure partie de ſa vie. Il a beaucoup écrit en Grec pour la Religion Chrétienne (34). Il a vécu fort avant dans le troiſieme ſiecle.

404. *L'Empire de Sévere fut-il heureux pour
      ce Prince ?*

Aſſez peu ; il fut troublé par des mouvements preſque continuels. *Sévere* avoit deux fils ;
l'un nommé *Baſſianus-Antonius*, ou autrement,
Antonius-Caracalla, & l'autre, *Septimius-Geta*.
Il aſſocia le premier à l'Empire vers le commencement de ſon regne, & ce mauvais fils
cauſa ſa mort.

405. *Comment cela arriva-t-il ?*

Sévere, ayant nommé Auguſte ſon fils *Géta*,
Antonin en conçut une ſi grande indignation,
qu'il chercha les occaſions de faire périr ſon
pere & ſon frere. *Sévere*, s'en étant apperçu,
tomba dans une mélancolie qui le conduiſit
inſenſiblement au tombeau.

406. *Où mourut-il ?*

A *Yorck* en Angleterre. Il avoit fait conſ-
truire dans cette Iſle un grand ouvrage, dont
on voit encore aujourd'hui des veſtiges. C'eſt
ce mur célebre qui traverſoit toute l'Iſle, pour
mettre la Province appartenante aux Romains
à couvert des incurſions des Pictes, qui habitoient alors les contrées qu'occupent à préſent les Ecoſſois.

---

(34) Son Traité contre *Celſe* a été parfaitement bien
traduit, par M. *Elie Bouhéreau.*

407. *Combien d'années régna Sévere, & quel âge avoit-il quand il mourut ?*

Il régna 17 ans & 8 mois , & mourut dans la 66e. année de fon âge , environ l'an 211 de N. S.

408. *Achevez de tracer fon caractere ?*

Quoique ce Prince eût quelques bonnes qualités, il étoit néanmoins artificieux & cruel. Cela parut pendant fa vie , auffi-bien que dans les paroles qu'il dit à fes enfants un peu avant que de mourir.

409. *Quelles étoient ces paroles ?*

Il leur dit : *Soyez d'accord enfemble ; attachez-vous à enrichir les foldats , & méprifez tout le refte des hommes.*

410. *N'y a-t-il pas encore quelque autre mot de cet Empereur ?*

L'Hiftoire a confervé celui-ci encore : *J'ai tout été, & cela ne me fert de rien.*

411. *Que vouloit-il dire par-là ?*

Sévere étoit de baffe extraction. Son favoir & fa bravoure l'avoient conduit par degrés jufqu'à l'Empire ; mais cela ne put le garantir de la mort.

412. *Quel fut fon fucceffeur ?*

Il laiffa l'Empire à fes deux fils, *Caracalla* & *Géta* ; mais le premier voulant régner feul, fit maffacrer *Géta* entre les bras de fa mere , qui fut bleffée en voulant lui fauver la vie.

413. *Fut-ce la premiere cruauté de Caracalla ?*

Non : incontinent après la mort de fon pere il avoit fait tuer les Médecins de la Cour , parce qu'ils n'avoient pas voulu empoifonner *Sévere* pendant fa maladie, comme il le leur avoit commandé.

414. *Quelles furent les fuites de la mort de Géta ?*

Caracalla commanda à un fameux Jurifcon-fulte, appellé *Papinien*, de faire un difcours au Sénat pour juftifier cette action. Ce favant & vertueux perfonnage lui ayant répondu qu'il étoit plus aifé de commettre un parricide que de l'excufer, le tyran lui fit couper la tête.

415. *Ces cruautés furent-elles de durée?*

Tout le regne de ce Prince fut une fuite de violence & de méchanceté. Ce qu'il y a de fingulier, c'eft que *Caracalla* n'ignoroit pas qu'il faifoit mal, & il difoit ordinairement : *Je ne puis ni penfer, ni faire aucun bien ; je n'y ai pas été élevé.*

416. *Régna-t-il long-temps ?*

Un peu plus de fix ans. Il mourut l'an 218 de N. S.

417. *Quel fut fon genre de mort?*

Etant paffé en Orient pour aller faire la guerre aux Parthes, *Macrin*, qui commandoit les foldats Prétoriens, fuborna un Capitaine nommé *Martial*, qui le tua d'un coup de poignard, comme il s'étoit un peu écarté de fes troupes pour quelques néceffités naturelles.

418. *Qui eft-ce qui régna après lui?*

Ce même *Macrin* qui l'avoit fait affaffiner. Il affocia fon fils *Diadumene* à l'Empire ; mais au bout d'un an, les foldats les maffacrerent tous deux, l'an 219. de N. S.

419. *Quelle fut la caufe de leur mort?*

La vie molle & efféminée de *Macrin*, qui bien qu'âgé de 54 ans, s'abandonnoit à toutes fortes de voluptés. Ajoutez à cela l'amour des troupes pour la mémoire de *Caracalla*, qui felon ce que fon pere lui avoit ordonné en mourant, s'étoit toujours appliqué à favorifer les foldats.

420. *Qui fut le successeur de Macrin?*

Un jeune homme, appellé *Avitus*, connu sous le nom d'*Antonin Héliogabale*.

421. *Qu'est-ce qui le fit parvenir à l'Empire?*

Ce fut une intrigue dont voici le précis. *Julie*, femme de *Sévere*, & mere de *Caracalla*, avoit une sœur appellée *Mesa*. Elles étoient toutes deux originaires d'*Emese* en Syrie. *Mesa* avoit passé plusieurs années à Rome, pendant le regne de *Sévere* & de *Caracalla* son fils. Elle avoit deux filles, l'une nommée *Soémis*, & l'autre *Mammée*. *Avitus* étoit fils de *Soémis*, & selon le témoignage de sa mere & de son aieule, il avoit pour pere l'Empereur *Caracalla*.

422. *Continuez ce récit?*

Avitus étoit Prêtre d'une divinité prétendue, qu'on adoroit à *Emese*, sous le nom d'*Héliogabale*, & sous la figure d'une pierre, qu'on disoit descendue du ciel. Les soldats de *Macrin*, qui étoit alors dans le voisinage, ayant vu *Avitus* qui officioit dans le Temple, charmés de sa bonne grace & de sa beauté, souleverent toute l'armée en sa faveur, & le proclamerent Empereur, après avoir massacré *Macrin* & son fils.

423. *Mesa eut sans doute part à cette intrigue?*

Oui; comme elle étoit extrêmement riche, elle corrompit par de magnifiques présents les principaux Officiers de l'armée.

424. *Comment se gouverna ce nouvel Empereur?*

Sa conduite fut si infâme & si détestable, que tous les Historiens n'en parlent qu'avec horreur. Il prit le nom d'*Antonin-Héliogabale*, à cause de son pere prétendu, & de l'idole dont il avoit été prêtre avant que d'être Empereur.

D 6

425. *Vous m'avez parlé de Mammée, tante d'Héliogabale : que devint-elle ?*

Elle passa à Rome avec un fils qu'elle avoit nommé *Alexianus*, & qui ayant été adopté par l'Empereur, prit le nom *d'Alexandre-Sévere*.

426. *Héliogabale régna-t-il long temps ?*

Environ trois ans, depuis l'an 219, jusqu'à l'an 222 de N. S.

427. *Comment mourut-il ?*

Après mille désordres honteux, il entreprit de faire mourir *Alexandre-Sévere* son cousin ; fâché de ce que les Soldats & le peuple le respectoient à cause de sa vertu. Les troupes s'étant déclarées pour *Alexandre-Sévere*, après quelques mouvements de part & d'autre, elles massacrerent *Héliogabale*, & sa mere *Soémis*. Leurs cadavres, après avoir été exposés aux insultes de la populace, furent trainés par les rues, & précipités dans le Tibre.

428. *Alexandre-Sévere succéda donc à son cousin Héliogabale ?*

Oui ; & cet Empereur a été un des plus sages & des plus modérés qui ayent jamais régné. Un Historien qui vivoit de son temps, & qui ne lui est point favorable, ne lui reproche que d'avoir eu trop de déférence pour *Mammée* sa mere ; mais ce reproche est glorieux à *Alexandre-Sévere* ; cette impératrice ayant été une Dame récommandable par sa vertu, & même, selon le témoignage de plusieurs bons Auteurs, ayant fait profession du Christianisme.

429. *Alexandre Sévere doit donc avoir eu aussi connoissance de notre Sainte Religion ?*

Soit fausse politique, soit faute de lumieres, cet Empereur fit un mélange profane du Christianifme avec la religion payenne. Il avoit une chapelle dans fon palais, où il honoroit les images d'*Appolonius de Tyane*, fameux Philofophe Pythagoricien, de *Jefus-Chrift*, d'*Abraham* & d'*Orphée*. Sous fon regne, les Chrétiens ne furent point perfécutés.

430. *Les Auteurs Payens rapportent-ils d'autres chofes qui donnent lieu de croire qu'il ait favorifé le Chriftianifme?*

Il fit écrire en plufieurs endroits fur le marbre, & proclamer dans fes armées ces paroles fort femblables à celles de l'Evangile : *Ne faites point à autrui ce que vous ne voulez pas qu'on vous faffe*. Pendant les 14 ans de fon regne, il ne répandit le fang de perfonne.

431. *N'avez-vous rien à ajouter à ce que vous venez de dire?*

Un Auteur Payen rapporte qu'il eut deffein de bâtir des Temples à Jefus Chrift, & qu'avant lui, l'Empereur *Adrien* avoit é é tenté de faire la même chofe, mais que les Prêtres du Paganifme s'y étoient oppofés, & lui avoient repréfenté que fi le temple de Jefus Chrift avoit lieu, celui des autres divinités feroit entiérement négligé.

432. *Le regne d'Alexandre-Sévere fut-il fignalé par quelque grand événement?*

L'Empire des Parthes qui avoit commencé à *Arface*, comme nous l'avons dit dans la VIIIe. Période de la premiere partie, fut entiérement éteint fous le regne de cet Empereur, l'an de N. S. 227. ou 228.

433. *Comment finit cet Empire?*

Un Perfan de baffe extraction, qui fe donna le nom d'*Artaxerxes*, fit foulever les Perfes contre *Artaban*, dernier Roi de la race des

Arsacides, & l'ayant défait, il monta sur le trône, & rendit à la nation son ancienne autorité. Cet *Artaxerxes* étoit Mage, adorateur du Feu. Ses descendants ont regné en Perse, jusques vers le milieu du VIIe. siecle.

434. *Cette action n'eut-elle point d'autres suites ?*

Artaxerxes, enflé de ses bons succès, fit des incursions dans les Provinces de l'Empire Romain : *Alexandre-Sévere* marcha contre lui ; & l'ayant vaincu & obligé de se retirer, il revint à Rome, où il entra en triomphe.

435. *Cet Empereur n'entreprit-il point d'autres expéditions ?*

Il en entreprit une en Allemagne, où il périt âgé de 29 ans & trois mois, après un regne d'un peu plus de 13 ans, l'an de Notre Seigneur 325.

436. *Comment mourut-il ?*

Il étoit campé près de Mayence ; & comme il tenoit ses troupes dans une exacte discipline, quelques soldats excités par un nommé *Maximin*, homme de très-basse naissance, qu'*Alexandre-Sévere* avoit élevé aux premieres charges de la milice, le massacrerent avec sa mere, qui l'avoit accompagné dans cette expédition, & nommerent Empereur ce même *Maximin*, qui étoit l'homme du monde qui méritoit le moins cette haute dignité.

437. *Le Sénat approuva-t-il cette élection ?*

Bien-loin de l'approuver, il travailla de toutes ses forces à s'affranchir de la domination odieuse & tyrannique de *Maximin*, qui se rendit d'abord haïssable par ses cruautés, & qui, à l'exemple des autres tyrans ses Prédécesseurs, ne manqua pas de persécuter l'Eglise de Jesus-Christ.

438. *Que fit le Sénat pour se souftraire à la violence de Maximin ?*

Un Sénateur Romain, fort âgé, nommé
Gordien, qui étoit Proconful en Afrique, **y**
fut nommé Empereur par fon armée ; & il
affocia à l'Empire fon fils qui portoit le même
nom. La nouvelle en étant venue à Rome,
le Sénat reconnut les deux *Gordiens* pour
Empereurs, & chaffa de la ville, tous ceux
qui tenoient le parti de *Maximin*.

439. *Les deux Gordiens occuperent donc l'Empire?*

Ils n'en jouirent qu'en Afrique, & cela moins
d'une année. Un nommé *Capellianus*, attaché
au parti de *Maximin*, défit leur armée ; le vieux
Gordien s'étrangla, & fon fils fut tué dans une
bataille.

440. *Que fit-on à Rome, quand on eut appris
   ces nouvelles ?*

Il étoit refté dans cette ville un enfant, petit-
fils du vieux *Gordien*. Le Sénat lui donna
l'Empire, & le mit fous la tutelle de deux Sénateurs, appellés *Balbinus* & *Pupienus*, auxquels le Sénat donna pareillement le titre d'Empereurs.

441. *Que faifoit pendant ce temps-là Maximin ?*

Il avoit entrepris de paffer en Italie avec une
groffe armée, bien réfolu de fe venger du
Sénat. S'étant arrêté à faire le fiege d'Aquilée,
fes foldats fe révolterent, & le tuerent lui &
fon fils. Après cela toute fon armée fe foumit
au Sénat.

442. *Balbinus & Pupienus conserverent-ils
   long-temps leur autorité ?*

Ils n'en jouirent pas plus d'un an. Ayant
conçu le deffein de fe défaire du jeune *Gordien*,
les foldats irrités contr'eux, les maffacrerent

l'un & l'autre, & *Gordien* qui étoit encore
fort jeune, resta seul possesseur de l'Empire,
l'an de N. S. 238.

443. *Quel témoignage rend l'Histoire à ce jeune*
Empereur ?

Les Auteurs conviennent qu'il fut un excellent Prince, & fort porté à la vertu.

444. *Régna-t-il long-temps ?*

Il ne régna que six ans, ayant été tué l'an
de N. S. 244, par un Arabe, nommé *Philippe*,
qui usurpa l'Empire après ce meurtre.

445. *Quel témoignage rend l'Histoire à l'Em-*
pereur Philippe ?

Son regne ayant commencé par un crime
atroce, ne pouvoit guere être digne de louange:
aussi n'a-t-il été loué par aucun Historien.

446. *Il se trouve cependant des Auteurs anciens,*
qui disent que Philippe a fait profession du
Christianisme ?

Cela est vrai ; mais le fait est bien douteux.
Quoi qu'il en soit, cet Empereur ne mérite
pas d'avoir porté le nom de Chrétien.

447. *N'arriva-t-il rien de mémorable pendant*
son règne ?

L'an 248 de N. S., & la quatrieme année
du regne de *Philippe*, cet Empereur fit célé-
brer à Rome des jeux magnifiques, à cause
de la millieme année de la fondation de cette
ville, qui arriva dans ce temps-là.

448. *Quelle fut la fin de Philippe ?*

Il fut tué à Vérone par ses propres soldats ;
& son fils qu'il avoit associé à l'Empire, fut
tué à Rome. Cela arriva l'an 249 de N. S.

449. *Qui fut son Successeur ?*

L'Empereur *Decius*, violent persécuteur de
la Religion Chrétienne.

450. *Régna-t-il long-temps ?*

Environ un an & demi. Il périt misérablement dans une bataille contre les Goths. Son
corps ne put être trouvé après la perte de la
bataille. Presque tous les Princes qui ont per-
fécuté l'Eglife, ont fait une mauvaife fin.

451. *Il y eut donc beaucoup de Martyrs dans ce
temps-là ?*

Oui. L'un des plus illuftres Chrétiens d'alors,
fut *St. Cyprien*, Evêque de Carthage, célébre
par fa piété & par fon éloquence. Nous avons
encore fes ouvrages écrits en Latin.

452. *Qui eft-ce qui fuccéda à Décius ?*

Trébonianus-Gallus & *Volufien* fon fils. Ces
Empereurs régnerent depuis l'an 251., jufqu'à
l'an 254.

453. *Comment finit leur règne?*

Un Général, nommé *Emilien*, fe révolta
contr'eux, & des foldats avides de nouveauté,
les tuerent pour fe donner à ce nouvel Empereur.

454. *Emilien jouit-il long-temps de l'Empire?*

Il n'en jouit que trois mois, & périt à fon
tour par la perfidie des mêmes foldats qui
l'avoient élevé à l'Empire.

455 *Qui fut maitre du trône après lui ?*

L'Empereur *Valérien*, qui affocia à l'Empire,
Gallien fon fils.

456. *Valérien fut-il favorable au Chriftianifme?*

Il en a été un des plus violents perfécuteurs. Environ la 4e. année de fon regne, le
grand St. *Cyprien*, dont nous avons déja parlé,
fouffrit le martyre à Carthage, par fes ordres,
l'an 258 de N. S.

457. *Le règne de Valérien fut-il heureux ?*

Non. L'Empire n'a jamais été en plus mauvais état. Les armées & les Provinces fe révolterent de tous côtés; & il y eut en ce temps-là
jufqu'à trente prétendus Empéreurs, dont un

Hiftorien Latin (*Trébellius Pollio,*) a écrit les
actions, fous le nom d'Hiftoire de trente Tyrans.

458. *La fin de Valérien reffembla-t-elle à celle*
　　des autres perfécuteurs ?

Oui. Cet Empereur étant paffé en Orient
pour faire la guerre à *Sapor,* Roi de Perfe, fut
défait & pris prifonnier. Il mourut en captivité,
après avoir fouffert des traitements indignes.

459. *Que fit l'Empereur Gallien pour tirer fon*
　　pere de cet état ?

Il s'en mit fort peu en peine. Au contraire,
bien-aife de gouverner feul, il s'abandonna
à une vie molle & délicieufe. Il avoit régné
fept ans avec fon pere, & en régna encore huit,
jufqu'en l'an 268 de Notre Seigneur.

460. *Quelle fut la fin de fa vie ?*

Il fut tué par les foldats d'un de fes Généraux, nommé *Auréole,* qui, par cette tra-
hifon, afpiroit à l'Empire, où il ne put pas
fe foutenir, ayant été défait par *Claudius,*
furnommé le *Gothique,* qui fuccéda à l'Empereur *Gallien.*

461. *D'où venoit à Clodius fon furnom ?*

De la victoire qu'il avoit remportée fur
une armée nombreufe de Goths, qui avoient
fait irruption dans les Provinces de l'Empire
Romain. Cet Empereur, qui étoit recommandable par fa vertu, ne régna que deux ans, &
mourut de maladie contagieufe l'an 270 de N.S.

462. *Qui fut fon Succeffeur ?*

L'Empereur *Aurélien,* Prince fort vaillant.
Ce fut lui qui prit la ville de *Palmyre* en Arabie,
& qui mena en triomphe la fameufe *Zénobie,*
Reine de cette ville (35).

____

(35) On a donné, il n'y a pas long-temps, en François, l'Hiftoire de cette Princeffe.

463. *Qui étoit-elle ?*

Elle étoit veuve d'un vaillant Capitaine, nommé *Odenat*, qui, l'an 264 de N. S., ayant défait les Perses sous le régne de *Gallien*, reçut de ce Prince le titre d'Empereur, qu'il conserva pendant sa vie, & que *Zénobie* tâcha de soutenir après sa mort.

464. *Aurélien étoit-il un bon Prince ?*

Sa trop grande sévérité l'empêcha d'être aimé. Il étoit d'ailleurs fort superstitieux.

465. *Comment mourut-il ?*

Il fut tué l'an de N. S. 275, la cinquieme année de son regne, par la trahison d'un de ses Secrétaires privés, nommé *Mnesthée*.

466. *Que devint l'Empire après cette mort ?*

Il arriva ce qu'on n'avoit point encore vu. Les soldats que l'expérience avoit rendus sages, ne voulurent point élire de nouvel Empereur. Ils déférerent ce droit au Sénat Romain, qui, après un interrègne de huit mois, élut un Sénateur, appellé *Claude Tacite*, homme vertueux & digne de l'Empire.

467. *Tacite régna-t-il long-temps ?*

Il ne vécut que six mois dans sa dignité, étant mort de maladie. *Florien*, son frere, s'empara de l'Empire, qu'il ne conserva qu'environ deux mois, au bout desquels il fut tué par les soldats.

468. *A qui l'Empire échut-il ensuite ?*

A M. *Aurélius-Probus*, qui régna six ans, au bout desquels il fut tué par les soldats, l'an de N. S. 282.

469. *Quel étoit le caractere de Probus ?*

Il fut un des plus vaillants & des plus sages Princes qui ayent régné à Rome ; & les soldats ne le firent mourir, que parce qu'il les obligeoit à vivre avec plus de retenue que sous les Empereurs précédents.

470. *Qui fut son Successeur ?*

M. *Aurélius Carus*, né à Narbonne en France. Ce Prince nomma Césars ses deux fils, *Carinus* & *Numérien*. Ensuite, étant allé faire la guerre aux Perses, il fut tué d'un coup de tonnerre, la premiere année de son regne, l'an de N. S. 283.

471. *Ses fils régnerent-ils après lui ?*

Numérien ne lui survécut qu'un an. *Aper*, son beau-pere, le tua ; & *Carinus* périt un an après, l'an 285, défait par les troupes de *Dioclétien*, soldat de fortune, qui fut élu Empereur par son armée, l'an 284 de N. S.

472. *Quel étoit le caractere de Dioclétien ?*

C'étoit un homme d'esprit & vaillant, mais cruel & orgueilleux. Il est le premier Empereur, ou plutôt l'unique, qui se soit fait baiser les pieds par ses sujets ; hommage odieux que les Evêques de Rome se sont fait rendre dans la suite. Outre cela, *Dioclétien* haïssoit mortellement le Christianisme, dont il a été le plus violent de tous les persécuteurs.

473. *Gouverna-t-il seul l'Empire ?*

Non : il y associa, l'an 286, *Maximien*, surnommé *Hercule* ; & l'an 292, il nomma deux Césars, *Constance Chlore*, petit-fils de l'Empereur *Claude* le Gothique, & *Maximien*, surnommé *Armentarius*.

474. *Quel fut l'effet de ces associations ?*

Dioclétien partagea l'autorité entre ces Princes. Ce furent tous des tyrans ennemis du Christianisme, à l'exception du seul *Constance*, qui estimoit notre sainte Religion, & dont l'épouse, appellée *Hélene*, étoit Chrétienne. Elle fut mere du grand *Constantin*.

SIECLE IV.

475. **C**OMBIEN *d'années a régné Dioclétien ?*

Il a régné vingt ans en tout, au bout desquels il abdiqua l'Empire, & obligea son Collegue *Maximien Hercule* à en faire autant.

476. *Quels furent les motifs de cette démarche ?*

Il prit pour prétexte le désir de la tranquillité ; mais on a lieu de croire que la véritable raison qui le faisoit agir , c'étoit le dépit qu'il avoit de voir le Christianisme s'étendre par-tout , nonobstant toutes les cruautés qu'il avoit employées pour le détruire.

477. *Qui est-ce qui régna après lui. ?*

L'an 304. de N. S. , qui fut l'année de l'abdication de *Dioclétien* & de *Maximien Hercule* , *Constance Chlore* & *Maximien Armentarius* , qui n'étoient que Césars , furent faits Empereurs, & partagerent entr'eux l'Empire Romain.

478. *Comment se fit ce partage ?*

Constance Chlore , qui étoit un Prince vertueux & modéré , se contenta des Gaules & de la Grande-Bretagne, & *Maximien* eut le reste de l'Empire , où il nomma deux Césars, *Severe* & *Galere-Maximien*. Celui-ci étoit fils d'une de ses sœurs.

479. *Constance ne fit-il point de Césars de son côté ?*

Il éleva à cette dignité , qui marquoit alors la succession à l'Empire, *Constantin* , son fils , Prince d'une très-grande espérance. Ceci arriva l'an 306 de N. S.

480. *Constance vécut-il long-temps après cela ?*

Il mourut presque aussi-tôt après à *Yorck*, entre les bras de *Constantin* son fils, qui ne prit le nom d'Auguste que l'année suivante, ayant reçu ce titre de l'Empereur *Maximien*, son beau-pere.

481. *Dans quelle année étoit né Constantin ?*

L'an de N. S. 273. Ainsi il parvint à l'Empire à l'âge de 33 ans.

482. *N'est-il pas parlé des Francs vers la fin de ce siecle ?*

Oui, vers l'an 277, ils se rendirent maîtres de la *Batavie*, & en demeurerent en possession plus d'un siecle.

483. *Qui étoient ces Francs ?*

C'étoient des Germains, qui, dans la suite, s'établirent dans les Gaules, & sont devenus fameux sous le nom de *François*.

SECONDE PÉRIODE.

Depuis la conversion de Constantin jusqu'au couronnement de Charlemagne ; 488 ans.

484. *E*N *quelle année Constantin embrassa-t-il le Christianisme ?*

L'an 312 de N. S. J. C.

485. *Quels furent les motifs de sa conversion ?*

On peut présumer que sa mere, qui étoit Chrétienne, l'avoit élevé dans l'amour de notre Sainte Religion ; mais il ne se déclara qu'à l'occasion d'un miracle, qu'il a raconté lui-même à un Auteur contemporain, qui a écrit la vie de cet Empereur.

486. *Quel est ce miracle ?*

Constantin, ayant été nommé Empereur, *Maxence*, homme cruel & infâme, qui se trouvoit alors à Rome, se fit déclarer Auguste par les soldats Prétoriens, se fondant sur sa naissance, car il étoit fils de *Maximien Hercule*. *Constantin* marche contre lui, & fut encouragé à le combattre par une croix lumineuse qu'il vit au Ciel, autour de laquelle il lut des mots Grecs qui signifioient : *En ce signe tu vaincras.*

487. *Il vainquit donc effectivement ?*

Il remporta une victoire signalée, où *Maxence* périt, & *Constantin* se vit par-là paisible possesseur de l'Empire.

488. *Que fit-il ensuite ?*

Un de ses premiers soins, fut de rendre la paix aux Eglises affligées par les longues persécutions qu'elles avoient souffertes pendant un grand nombre d'années.

489. *Régna-t-il seul ?*

Au commencement, il eut pour Collegue, *Licinius*, à qui il avoit donné sa sœur *Constance*, Princesse Chrétienne, en mariage. Mais *Licinius*, s'étant révolté contre *Constantin* & ayant commencé à persécuter les Chrétiens, il fut défait par l'Empereur son beau-frere, & périt misérablement. Ceci arriva l'an 324 de N. S.

490. *En quel état étoit alors la Religion Chrétienne ?*

Elle auroit joui d'une paix parfaite, si un Prêtre d'Alexandrie, nommé *Arius*, ne s'étoit avisé de la troubler. Cet homme commença à prêcher, & à enseigner publiquement en Egypte, que N. S. J. C., selon sa divinité, étoit une Créature en tout inférieure à son

Pere. Cette nouveauté caufa beaucoup de troubles, *Arius*, ayant trouvé en Orient & autres
part, une affez grande quantité de Sectateurs.

491. *Quel remede apporta-t-on aux défordres
    caufés par cette héréfie?*

Conftantin, zélé pour la paix de l'Eglife,
affembla à *Nicée* en Bithynie, l'an 325, un
Concile d'Evêques de toutes les parties de
l'Empire Romain. Là le fentiment d'*Arius* fut
déclaré contraire à l'Ecriture-fainte & à la foi
de toutes les Eglifes.

492. *Cette décifion termina-t-elle le différend?*

Non. L'Arianifme fubfifta en plufieurs lieux,
jufques vers le fixieme fiecle, auquel il fut entiérement aboli.

493. *Conftantin fut-il heureux dans fon domef-
    tique?*

Il éprouva une très-grande affliction par la
mort de fon fils *Crifpus*, que fa marâtre *Faufte*,
fille de l'Empereur *Maximien*, fit périr par
une fauffe accufation.

494. *Quelles autres actions mémorables pouvez-
    vous rapporter de cet Empereur?*

Il agrandit la ville de *Byzance* en Thrace, &
l'orna des dépouilles de toutes les villes de
l'Empire. Il donna à cette ville les noms de
Conftantinople & de nouvelle Ville, & en fit
la capitale de tout l'Empire d'Orient. Cela fe fit
l'an 330 de N. S.

495. *Conftantin vécut-il long-tems après cela?*

Il mourut l'an 337 à Nicomédie, & fut
baptifé avant que de mourir, la coutume de ce
temps-là étant de différer long temps le Bap-
tême aux perfonnes déjà âgées qui embraf-
foient la Religion Chrétienne.

496. *Qui eft-ce qui lui fuccéda?*

Ses

Ses trois fils, *Conſtantin*, *Conſtans* & *Conſtance*. Le premier eut en partage les Gaules & la Grande-Bretagne ; *Conſtans*, qui étoit le plus jeune, eut Rome, l'Italie, la Sicile & l'Afrique ; *Conſtance*, le ſecond des trois freres, eut l'Aſie, l'Orient & l'Egypte.

497. *Conſtantin-le-Grand n'avoit-il point d'au-*
tres parents ?

Il avoit eu deux freres, *Conſtance* & *Dal-*
matius. *Conſtance* fut pere de *Julien*, ſur-
nommé l'*Apoſtat*, qui régna après la mort de *Conſtance*, ſecond fils dè l'Empereur *Conſtantin*.

498. *Que devinrent ces freres de Conſtantin ?*

Immédiatement après la mort de cet Empe-
reur, les ſoldats les maſſacrerent par les ordres, à ce qu'on a lieu de croire, du jeune *Conſtance*. *Julien* & *Gallus*, ſon frere, échapperent à peine à la cruauté des ſoldats, & à la haine du nouvel Empereur, leur couſin-germain.

499. *Les enfants de Conſtantin régnerent-ils*
paiſiblement ?

La diſcorde ſe mit bientôt entr'eux. *Conſtantin*, voulant envahir les terres de ſon frere, fut défait & tué l'an 340 auprès d'Aquilée, & dix ans après *Conſtans* fut tué par des Officiers qui s'é-
toient révoltés contre lui. Ces ſcélérats prirent le nom d'Empereurs ; mais *Conſtance*, le ſecond fils de *Conſtantin*, les ayant vaincus, il ſe vit, après pluſieurs combats, ſeul poſſeſſeur de tout l'Empire Romain.

500. *Qu'arriva-t-il de remarquable pendant le*
regne de l'Empereur Conſtance ?

Ce Prince favoriſa le parti des Ariens. Il fit heureuſement la guerre contre les Perſes, & ſe ſeroit conduit avec aſſez de prudence, s'il ne

s'étoit pas abandonné aux conseils de ses Cour-
tisans, qui profiterent de sa nonchalance.

501. *Que devinrent Gallus & Julien, ses cousins?*

Constance avoit nommé César *Gallus*, sous le
nom de *Constance Gallus*; mais ce Prince qui
étoit cruel & féroce, obligea par sa mauvaise
conduite, *Constance* à le faire mourir; ce qui
arriva l'an de N. S. 354.

502. *Que faisoit Julien pendant ce temps-là?*

Il affectoit de mener une vie tranquille; sous
ce prétexte, il s'appliqua à l'étude, & devint
fort savant. La fréquentation de quelques Phi-
losophes Payens le gâta, & le porta à renoncer
secretement au Christianisme, dans lequel il
avoit été élevé dès son enfance.

503. *Par quels degrès parvint-il à l'Empire?*

Les Allemands voisins du Rhin, ayant commencé à faire la guerre à l'Empire Romain,
l'Empereur *Constance* nomma *Julien* César, &
lui donna la conduite d'une armée qu'il envoyoit
en ce pays-là. *Julien* se signala dans cette guerre,
& se fit extrêmement aimer des troupes, qui se
souleverent contre *Constance*, & nommerent
Julien Empereur.

504. *Que fit Constance quand il fut informé de
ce soulevement?*

Il se mit en chemin avec une armée pour
aller au-devant de *Julien*, & le combattre;
mais il tomba malade sur la route, & mourut
à *Mopsucrene* en Cilicie. Alors tout le monde
se rangea du côté de *Julien*, qui fit à l'Empereur *Constance* des funérailles pompeuses, &
parvint à l'Empire avec une modération qui
le fit admirer.

505. *Julien avoit donc de grandes qualités?*

C'est ce qu'on ne sauroit nier sans injustice;

il étoit équitable, désintéressé, chaste, sobre, vaillant & savant. Heureux s'il n'avoit pas taché sa vie par la haine qu'il portoit au Christianisme, qu'il avoit résolu d'abolir dans tout l'Empire Romain (36).

506. *N'entreprit-il pas de rebâtir le temple de Jérusalem ?*

Oui, & ce fut apparemment dans le dessein de démentir les prophéties de N. S. J. C. Mais Dieu résista à ce mauvais dessein ; pendant qu'on creusoit les fondements de cet édifice, il sortit de terre des flammes qui consumerent les travailleurs. Cela est attesté par plusieurs Ecrivains, sur tout par un Auteur Payen, qui vivoit alors à la Cour de l'Empereur *Julien* (37).

507. *En quel temps Julien parvint-il à l'Empire, & combien en a-t-il joui ?*

Il fut nommé César sur la fin de l'année 355, & fut proclamé Empereur à Paris l'an 360. Il mourut dans une expédition contre les Perses, l'an 363, âgé de 31 ans.

508. *Comment mourut-il ?*

Il mourut d'un coup de javelot dans les entrailles. On n'a jamais pu savoir de qui il l'avoit reçu. Comme il avoit voué à ses faux Dieux la ruine du Christianisme au retour de son expédition de Perse, quand il se sentit mortellement blessé, il remplit sa main de son sang, qu'il jetta vers le Ciel, en prononçant ces horribles paroles : *Tu as vaincu, Galiléen.*

---

(36) On a une excellente Histoire de la vie de *Julien*, par l'Abbé *de la Bletterie*, qui a aussi écrit celle de l'Empereur *Jovien*.

(37) Voyez l'Ouvrage de *Warburton* sur ce sujet.

509. *Qui fut son Successeur?*

L'Empereur *Jovien*, Prince Chrétien & pieux, né à *Ségédin* en Hongrie, qui rétablit les Chrétiens dans tous les privileges que l'Empereur *Constantin* leur avoit accordés.

510. *Régna-t-il long-temps?*

Il ne régna que huit mois, un fâcheux accident ayant causé sa mort. car il fut étouffé par la vapeur des charbons qu'on avoit allumés dans la chambre où il couchoit, pour sécher les murailles qu'on avoit depuis peu enduites de chaux. Il n'étoit alors âgé que de 33 ans.

511. *Qui eut-il pour Successeur?*

L'Empereur *Valentinien*, qui étoit aussi-bien que lui Pannonien Ce Prince avoit souffert pour la Religion sous *Julien*. Il associa à l'Empire *Valens*, son frere, à qui il céda l'Orient, s'étant réservé l'Empire d'Occident pour son partage. Ceci arriva l'an 364 de N. S.

512. *Quel étoit le caractere de Valentinien?*

C'étoit un Prince de grand mérite, savant, vertueux & vaillant. Il mourut d'apoplexie en Pannonie, où il étoit allé faire la guerre aux Sarmates, la douzieme année de son regne, l'an 375, étant alors âgé d'environ 55 ans.

513. *Eut-il postérité?*

Il eut deux fils, l'aîné nommé *Gratien*, qu'il avoit déclaré Auguste pendant sa vie, & l'autre appellé *Valentinien*, que les soldats éleverent à la même dignité, six jours après la mort de son pere.

514. *Valens qui régnoit en Orient, imita-t-il les vertus de Valentinien, son frere?*

Non; ses vices, & sur-tout sa cruauté, le firent haïr de tout le monde. Pendant presque tout le cours de son regne, il fut en guerre contre les Goths. Dans une bataille qu'il leur donna près d'*Andrinople*, l'an 378, il fut blessé d'un coup de fleche ; & s'étant retiré dans une cabane de paysan, il y fut brûlé tout vif, la 14e. année de son regne, âgé de 50 ans.

515. *En quel état se trouva après cela l'Empire Romain ?*

L'Empereur *Gratien* se trouva chargé de tout le poids de l'Empire, son frere *Valentinien*, qui n'avoit alors que douze ans, ne lui étant d'aucun secours. *Gratien* avoit de belles qualités, & de l'esprit ; mais il fuyoit le travail, & avoit de l'éloignement pour les affaires publiques.

516. *Il ne put donc pas gouverner l'Empire tout seul ?*

Non. Il s'associa *Théodose*, surnommé *le Grand*, Espagnol de naissance, & l'envoya en Orient contre les Goths, qui ravageoient alors impunément la Thrace ; & toutes les Provinces voisines. Cela arriva au commencement de l'an 379 de N. S.

517. *Théodose finit-il cette guerre ?*

Il battit plusieurs fois les Goths, & les obligea enfin de se soumettre, eux & leur Roi, à l'Empire Romain.

518. *Cet Empereur ne se signala-t-il pas aussi par d'autres actions d'éclat ?*

Son regne ne fut presque qu'une suite de victoires. Il défit & fit mourir le tyran *Maxime*, qui s'étoit fait nommer Empereur, & avoit établi son séjour à *Treves*, après avoir fait massacrer l'Empereur *Gratien* ; & il rétablit le jeune *Valentinien*, que la faction du même tyran avoit obligé d'abandonner l'Italie. Cela arriva l'an 388.

E 3

de N. S., & la sixième année de la tyrannie de *Maxime.*

519. *Théodose vécut-il en paix après ces victoires?*

Non. L'an 391, un homme obscur, nommé *Eugene,* appuyé d'un fameux Général Gaulois, qui s'appelloit *Arbogaste,* se révolta, & fit étrangler l'Empereur *Valentinien* à Vienne en Dauphiné. *Théodose* étant passé en Italie, combattit *Eugene,* le vainquit & le fit mourir. *Arbogaste* se tua de ses propres mains. Ces deux rebelles avoient résolu de rétablir le Paganisme.

520. *Fut-ce là la fin des victoires de Théodose?*

Oui; & ce fut aussi en quelque maniere celle de sa vie. *Eugene* fut vaincu l'an 394 de N. S., & *Théodose* mourut à Milan, au mois de Janvier 395, après avoir régné 16 ans, & vécu, selon quelques Auteurs, au-delà de 60 ans (38).

521. *Qu'arriva-t-il dans ce siecle parmi les Francs, pendant qu'ils furent maîtres de la Batavie?*

Ils eurent à soutenir les attaques des Saxons, & de divers peuples barbares, qui, fondant sur ce pays, pénétrerent ensuite plus avant dans l'Empire Romain. A la fin, les Francs en demeurerent seuls maîtres, vers l'an 463.

522. *Que devinrent alors les Bataves?*

Ils se confondirent avec les peuples qui avoient occupé leur pays, ou se transplanterent ailleurs; de sorte qu'il n'en est resté d'autre trace que le nom seul.

---

(38) Lisez sa vie, par *Fléchier.*

SIECLE V.

523. *ENTRE les mains de qui tomba l'Empire après la mort de Théodose?*

Il le laissa à ses deux fils, *Arcadius* & *Honorius.* Celui-là, qui étoit âgé de 18 ans, eut l'Orient pour son partage, & *Honorius*, qui n'avoit qu'onze ans, eut l'Empire d'Occident.

524. *Que peut-on dire de ces deux Empereurs?*

Ils furent l'un & l'autre très peu dignes du rang qu'ils tenoient dans le monde, & toute la race de *Théodose* n'a guere fait de bien ni d'honneur à l'Empire. Au contraire, c'est en ce temps-ci qu'en Occident aussi bien qu'en Orient, l'Empire Romain a commencé à tomber en ruine.

525. *Arcadius vécut-il long-temps?*

Non. Il mourut l'an 408, & laissa un fils nommé *Théodose*, qu'on surnomme ordinairement le Jeune. Par un trait de politique dont on ne l'auroit pas cru capable, il mit ce fils sous la tutelle de *Jezdegerde*, Roi de Perse, qui, se faisant honneur de ce choix, ne fit point la guerre aux Romains pendant la minorité de son pupille.

526. *Quelle étoit la conduite d'Honorius?*

Il passoit sa vie en Italie dans la mollesse, tantôt à Rome, & tantôt à Ravenne, gouverné par *Stilicon*, son beau-pere, Goth d'origine, qui étoit un grand homme de guerre & d'état, mais qui se perdit enfin par son ambition.

527. *Comment cela arriva-t-il?*

Il avoit plusieurs fois vaincu les Goths,

qui menaçoient d'envahir l'Italie ; mais enfin, ayant traité fecrettement avec un de leurs Rois, nommé *Alaric*, & lui ayant fait céder par l'Empereur *Honorius* les Gaules & l'Efpagne, il entreprit d'élever à l'Empire un fils qu'il avoit, nommé *Euchérius*. Le complot ayant été découvert, *Honorius* le fit tuer, lui, fa femme & fon fils, l'an 409 de N. S.

528. *Quels événements fuivirent ceux-ci ?*

Alaric, ayant propofé une nouvelle alliance à l'Empereur, en fut rejetté avec mépris. Cette infulte l'irrita. Il vint à Rome, la prit & la pilla l'an 410 de N. S. Ce fut-là un des plus grands défaftres qu'eut encore éprouvé l'Empire Romain.

529. *Les Goths étoient-ils alors Chrétiens ?*

Ils étoient Chrétiens de la fecte *d'Arius*, & leur Roi étoit fort attaché à fa religion.

530. *Conferverent-ils Rome ?*

Non ; ils fe contenterent de la piller. *Alaric* emmena avec lui *Placidie*, fœur de l'Empereur *Honorius*. Etant mort peu de temps après, *Ataulphe*, fon frere & fon fucceffeur, pilla encore une fois Rome, & époufa *Placidie*, qu'il emmena avec lui en Efpagne.

531. *L'état de l'Empire Romain étoit alors bien déplorable ?*

Il ne pouvoit pas l'être davantage. Outre les Goths (39), d'autres peuples barbares, comme les Alains, les Vandales & les Sueves, rava-

---

(39) L'origine commune de tous ces peuples remonte aux Celtes, dont M. *Pelloutier* a donné une *Hiftoire très-eftimée en 8 volumes in-12, & en 2 volumes in-4to.*

geoient impunément les Gaules, l'Espagne, &
les autres Provinces de l'Empire d'Occident.

532. *L'Empire d'Orient étoit-il plus tranquille ?*

Oui ; au moins n'y fait-on mention en ces
temps-ci d'aucune guerre considérable.

533. *Que devint Théodose-le-Jeune, fils d'Ar-*
cadius ?

A l'âge de 20 ans, l'an 421, il épousa
Athénaïs, fille d'un Philosophe Athénien, appellé *Léonce*. Cette Dame étoit Payenne. Ayant
été baptisée avant que d'épouser l'Empereur,
elle changea son nom en celui d'*Eudoxie*. Ce
mariage se fit par le conseil de *Pulchérie*, sœur
aînée de *Théodose* le Jeune

534. *N'arriva-t-il rien de remarquable sous le*
regne de cet Empereur ?

L'Empire d'Orient fut presque toujours en
paix. Mais l'Eglise fut troublée par les factions
des Prélats d'Alexandrie. Sous le regne d'*Arcadius*,
Théophile, Patriarche de cette ville, avoit cruellement persécuté & fait envoyer en exil St.
Jean Chrysostôme, un des plus pieux Prélats qui
fussent dans tout l'Orient, & ces mêmes factions continuerent avec plus de force sous le
foible gouvernement de *Théodose* le Jeune.

535. *Expliquez-moi ceci plus en détail ?*

L'Empereur avoit fait Evêque de Constantinople un Prêtre d'Antioche, nommé *Nestorius*.
Ce Prélat, par un scrupule qu'il croyoit bien
fondé, ne vouloit pas qu'on dit, que la Ste.
Vierge fût *mere de Dieu*, mais seulement du
Christ, de peur qu'on ne confondit la nature
Divine avec la nature humaine. Cela alluma
une dispute, qui n'est pas encore finie depuis un
si grand nombre d'années.

536. *Comment cela ?*

Cyrille, Patriarche d'Alexandrie, se saisit de cette occasion ; & s'étant appuyé du crédit de l'Evêque de Rome & de l'Empereur, il trouva moyen de faire assembler un Concile à Ephése, où *Nestorius* fut condamné & anathématisé. Plusieurs Prélats se déclarerent pourtant en sa faveur ; & il y a encore en Orient quantité de Nestoriens qui y font figure, & sont en possession de plusieurs églises fort nombreuses (40). Le Concile d'Ephese se tint l'an 431.

537. *Théodose vécut-il long-temps après cela ?*

Il mourut l'an 450, après le regne le plus stérile en évènements, que l'on trouve dans toutes les histoires.

538. *Que faisoit cependant Honorius en Italie ?*

Il envisageoit tranquillement la ruine de l'Empire, presque insensible à tous les revers ; quoiqu'il s'élevât à tous moments de nouveaux Empereurs contre lui, auxquels il s'opposoit mollement, laissant à ses Officiers le soin de l'en délivrer.

539. *Que devint Ataulphe, Roi des Goths, qui avoit épousé Placidie, sœur d'Honorius ?*

Il fut tué à *Barcelone*, par un de ses sujets, l'an 415 de N. S., & son Successeur renvoya *Placidie* à *Honorius*, qui la maria malgré elle l'an 417, à un de ses Officiers, nommé *Constance*. De ce mariage naquit, l'an 418, *Valentinien* le jeune, qui fut depuis Empereur.

540. *Honorius, en vertu de ce mariage, revêtit-il Constance de quelque dignité ?*

Il l'associa à l'Empire l'an 420, dignité

---

(40) Voyez *Bibliot. Orientalis* du savant *Assemani*, 4 vol. in-folio.

fort guere, étant mort sept mois
...

Honorius vécut-il encore long-temps ?

Il mourut l'an 423, âgé de 35 ans, peu
aimé & peu regretté.

Qui eut-il pour Successeur ?

Valentinien III, son neveu, qui n'étoit alors
que dans sa cinquieme année. *Placidie*, sa mere,
étoit avec lui en Orient, d'où *Théodose*
le jeune, après la mort d'*Honorius*, les envoya
à Rome pour prendre possession de l'Empire.

*Quels évenements mémorables appartiennent
à ce temps-ci ?*

Genseric, Roi des Vandales, abandonna une
partie de l'Espagne qu'il avoit soumise & passa
en Afrique à la tête de 80000 hommes. Il se
rendit maître de Carthage, & de tout ce que
les Romains possédoient en ce pays-là, où il
établit un Royaume, qui subsista jusques vers
le milieu du sixieme siecle. Ce Prince étoit Arien,
aussi bien que les Vandales ses sujets. Le commencement de cette expédition répond à l'an
427 de N. S.

544. *N'y eut-il point d'autres changements dans
l'Empire Romain ?*

Ce siecle-ci est le siecle des grandes révolutions. Les Goths s'établirent en Espagne, les
Vandales en Afrique, comme nous venons de
le dire, les Francs ou François dans les Gaules,
les Anglo-Saxons ou Anglois dans la Grande-
Bretagne. Telle fut alors la décadence de l'Empire Romain.

545. *Quelle fut l'origine du Royaume des Goths
en Espagne ?*

Nous en avons déja touché quelque chose
ci-dessus, en parlant d'*Alaric* & d'*Ataulphe* son

E 6

frere. Cependant, à proprement parler, ce Royaume ne commença qu'à *Wallia*, succefleur d'*Ataulphe*. Les Romains lui céderent l'Efpagne & le Languedoc. Les Rois Goths fes fucceffeurs conferverent ce Royaume jufqu'au commencement du dix-feptieme fiécle, comme nous le verrons ci-deffous (41).

546. *Quel autre événement doit encore fe placer ici ?*

C'eft le commencement & l'établiffement de la République de Venife, que les malheurs d'Italie, de ce temps firent naître. Quelques habitants de Padoue chercherent à échapper à la fureur des Goths, bâtirent en 421, quelques maifons dans l'ifle de *Rialto*, c'eft là l'origine & le commencement de cet Etat ; l'aînée de toutes les Républiques modernes, & qui exifte encore.

547. *Voyons à préfent comment le Royaume de France fut fondé (42) ?*

Les Francs étoient une nation Germanique, fameufe par fa vaillance, établie entre l'Elbe & le Rhin. On ignore le nom de fes anciens Rois. Le Catalogue ordinaire commence à *Pharamond*, qui eft fuivi de trois autres, favoir *Clodion*, *Meroüée* & *Childeric*. Ces Princes étoient Payens, & n'ont guere régné au-delà du Rhin. Le premier qui ait pleinement établi fon Royaume dans les

---

(41) Lifez l'Hiftoire d'Efpagne, par *Mariana*, & celle de *Ferreras*.

(42) On peut recourir pour l'Hiftoire de France à *Mézéray*, au P. *Daniel*, & fur-tout à l'*Abrégé Chronologique* du Préfident *Hénault*, in-8vo., l'Hiftoire de France, par Vely, Villaret & Garnier, in-4to, & in-12.

ples, est *Clovis*, qui ne commença à régner
en 482.

548. *Dites-moi présentement quelque chose des*
Anglo-Saxons ?

L'Isle que nous appellons aujourd'hui *An-*
gleterre, portoit autrefois le nom de *Bretagne*.
Maxime le Tyran, dont nous avons parlé ci-
dessus, s'étant retiré de cette Isle, dont il avoit
le gouvernement pour l'Empire Romain, emmena avec lui toutes les troupes du pays, l'a-
bandonnant en proie aux barbares du Nord,
que les Romains n'avoient jamais pu dompter.

549. *Quelle liaison cela a-t-il avec la venue des*
Anglo-Saxons ?

Les Bretons, poussés à bout par les Picles,
leurs ennemis, & ne recevant aucun secours
des Romains, appellerent les Anglois ou Anglo-
Saxons, nation Germanique, qui jusqu'alors
n'avoit été célébre que par ses pirateries. Ces
peuples aborderent dans l'isle de Bretagne, environ l'an 447; & après avoir subjugué les Picles,
ils tournerent leurs armes contre les Bretons,
& se rendirent maîtres de leur pays.

550. *La nation Bretonne fut-elle entiérement*
exterminée ?

Non. Une partie passa la mer, & se retira
dans la Gaule Armorique, où elle s'empara
de la Province, qui porte aujourd'hui le nom
de Bretagne. Les autres se réfugierent dans la
Province de Galles, où ils subsistent encore.Les
Bretons & les Gallois ont conservé long-temps
les mœurs de leurs ancêtres (43).

____

(43) L'Histoire d'Angleterre a été écrite en François
par de *Larrey* & de *Rapin Thoyras*. L'Ouvrage du dernier

551. *Ces révolutions causèrent sans doute de grands changements ?*

Oui, sur-tout par rapport à la politesse & aux lettres qu'elles détruisirent presque partout. Ajoutez à cela, que ces peuples Barbares étoient, ou Payens comme les Francs & les Anglo-Saxons, ou Ariens comme les Vandales & les Goths. Ainsi ils étoient tous ennemis de la Religion dominante.

552. *Après la mort de l'Empereur Théodose le jeune, qui fut son Successeur ?*

Sa sœur *Pulcherie* éleva à l'Empire un vieux Officier, nommé *Marcian*, qu'elle épousa, quoiqu'ils fussent l'un & l'autre dans un âge fort avancé. Ils ne se mêlerent presque que des affaires de Religion ; les controverses sur l'Incarnation de N. S. étant alors fort échauffées dans tout l'Orient.

553. *Cet Empereur régna-t-il long-temps ?*

Il mourut l'an 457 ; *Pulcherie*, son épouse, étoit morte avant lui, l'an 453.

554. *N'arriva-t-il rien de remarquable sous leur regne ?*

Par leur ordre, on assembla à Chalcedoine, l'an 451, un Concile contre ceux qui enseignoient qu'il n'y avoit qu'une nature en Jésus Christ. Ce Concile est le quatrieme Œcuménique, ou universel.

555. *Faites-moi connoître les trois autres qui ont précédé ?*

Le Concile de *Nicée*, contre les Ariens l'an

à eu une préférence bien décidée, jusqu'à ce que *David Hume* en a donné une, qui l'emporta sur toutes les autres ; on en a deux éditions en François, une in-4to. & une in-12.

Le Concile de *Constantinople*, l'an 385, contre les Macédoniens, qui nioient la divinité de J. C. Le Concile d'*Ephese* contre *Nestorius*, l'an 441. Enfin, le Concile de *Chalcédoine*, l'an 451.

556. *Revenons à l'Empire d'Occident; dans quel état se trouvoit-il sous Valentinien III ?*

Pendant son regne, *Attila*, Roi des Huns, qui se faisoit nommer *le fléau de Dieu*, ravagea les Gaules & l'Italie, & mit tous ces peuples en fuite. Ce Prince barbare périt la nuit de ses noces, l'an 454, d'un vomissement de sang causé par son ivrognerie.

557. *Valérien lui survécut-il ?*

Il mourut la même année âgé de 36 ans, ayant été tué par un de ses Officiers, nommé *Maxime*, qui épousa *Eudoxie* sa veuve, & se fit Empereur en sa place.

558. *Ce meurtre demeura-t-il impuni ?*

Non. *Eudoxie* appella sécretement en Italie *Genseric*, Roi des Vandales en Afrique. Ce Prince passa la mer avec une armée, prit & pilla Rome, fit mourir *Maxime*, & emmena *Eudoxie* pour la marier à *Huneric*, son fils & son successeur.

559. *Qui est-ce qui régna en Occident après la mort de Valentinien III ?*

Outre *Maxime* dont nous avons parlé, il y eut encore quelques Empereurs en Occident, mais ils ne firent pas grande figure, toutes les Provinces, excepté l'Italie, étant occupées par les peuples barbares.

560. *Pourriez-vous dire les noms de ces Empereurs ?*

Avitus, Gaulois, l'an 455 ; il ne régna guere

plus de 14 mois. *Majorianus*, qui régna quatre
ans & quelques mois. Il fut tué l'an 461. *Sévère*,
qui fut empoisonné après avoir régné quatre
ans, l'an 46.. *Athémius*, qui régna cinq ans,
& fut tué l'an 472.

561. *Quelle fut la cause de la fin tragique
de tous ces Empereurs?*

Un seul & même homme, nommé *Ricimer*,
Sénateur & Commandant Général des troupes.
Par ces meurtres, il aspiroit lui-même à l'Empire.

562. *Y parvint-il?*

Non. Il nomma pour Empereur, l'an 472,
un nommé *Olybrius*. Peu de temps après, *Ricimer*
mourut, & *Olybrius* le suivit de près, n'ayant
régné que sept mois. *Glycérius* lui-succéda, &
ne régna que quatre mois, s'étant fait Evêque
pour renoncer à l'Empire, qui lui étoit à
charge. Son successeur *Julius-Nepos* fut tué par
un Goth, nommé *Oreste*. Cet *Oreste* fit Empereur
un de ses fils, qui fut surnommé *Augustule*.

563. *Quel fut le sort de ce dernier?*

L'Empire d'Italie finit en sa personne. *Odoacre*,
Roi des Hérules, s'empara de l'Italie, après
avoir tué *Oreste*, & relégué dans la Campanie
Augustule, qu'il regardoit comme un ennemi peu
formidable. Cela arriva l'an de N. S. 476.

564. *Revenons à l'Empire d'Orient. Qui fut le
Successeur de Marcian (44)?*

Léon, Thracien, qui régna 17 ans, & ne
fit rien de mémorable pendant tout son regne.
Il mourut l'an 474.

---

(44) Pour connoître l'Empire d'Orient, il faut lire
les Auteurs, dont la Collection forme l'Histoire Byzan-
tine, & qui ont été traduits en François, par le Président *Cousin*, en 17 volumes in-4to. & in-12.

565. *N'eut-il point de postérité?*

D'une de ses filles, nommée *Ariadné*, qu'il avoit donnée en mariage à *Zénon*, l'un de ses Officiers, il eut un petit-fils, qui porta le nom de *Léon II*, & qui fut son successeur.

566. *Quel fut le fort de ce Prince?*

Étant parvenu à l'Empire, il fut couronné des propres mains de *Zénon* son pere, & mourut dix mois après. Ainsi *Zénon* resta seul Empereur.

567. *L'Empire de Zénon fut-il heureux?*

Non. Dès le commencement de son regne, *Basiliscus*, beau-frere de *Léon I*, s'empara de l'Empire l'an 476, & obligea *Zénon* à se retirer dans la Province d'Isaurie, où il étoit né.

568. *Basiliscus jouit-il long-temps de l'Empire?*

Il n'en jouit pas un an. *Zénon* fut rappellé, & renferma *Basiliscus* dans un Château en Cappadoce, où il le fit mourir de faim.

569. *Zénon vécut-il après cela paisiblement?*

Non. Les factions des Ecclésiastiques & leurs controverses sur l'Incarnation, avoient réduit l'Empire à un état déplorable. *Zénon* tâchoit de procurer la paix, & cela le rendoit odieux aux deux partis, qui ne cessoient de lui susciter des adversaires. C'est ce qui fait que les histoires de ce temps-là varient extrêmement sur son sujet.

570. *Régna-t-il long-temps?*

Il régna jusqu'à l'an 491. On dit qu'ayant eu une attaque d'épilepsie, *Ariadné*, son épouse, le fit enterrer tout vif.

571. *Qui eut-il pour Successeur?*

Anastase, qui épousa sa veuve.

572. *Fut-ce un bon Empereur?*

Les Ecclésiastiques l'ont fort noirci, parce

qu'il favorifoit le parti de ceux qui confon-
doient en une les deux natures de J. C. Cependant il fit heureufement la guerre contre
les Perfes & contre les Bulgares, qui commençoient alors à ravager la Thrace. Outre
cela, il s'appliqua à foulager le peuple, en
fupprimant les impôts les plus onéreux.

573. *Avant que de finir ce fiecle, dites-moi
quelque chofe des affaires d'Occident ?*

L'an 491, *Clovis*, Roi de France, embraffa
la Religion Chrétienne, & fut baptifé à Rheims
en Champagne. En Italie, *Théodoric*, Roi des
Oftrogots, défit *Odoacre*; & l'ayant tué, il
régna en fa place.

S I E C L E   VI.

574. *L'EMPEREUR Anaftafe régna-t-il long-
temps ?*

Il régna vingt-fept ans, & mourut âgé de 88
ans, l'an de N. S. 518. *Ariadné*, fon époufe,
étoit morte l'an 515, à l'âge de 60 ans.

575. *Qui fut fon Succeffeur ?*

L'Empereur *Juftin*, originaire de Thrace,
homme de baffe naiffance, qui ne favoit ni
lire, ni écrire, mais qui d'ailleurs a paffé pour
un affez bon Prince.

576. *Combien a duré fon regne ?*

Un peu plus de neuf ans, *Juftin* étant mort
l'an 527 de N. S.

577. *Comment nommez-vous l'Empereur qui lui
fuccéda ?*

Juftinien, fils d'une fœur de l'Empereur
Juftin, que fon oncle avoit nommé Céfar en 524.

578. *En quel état étoient les affaires d'Italie ?*

Théodoric, qui en étoit le maître, avoit gouverné jusqu'à ce temps-ci avec beaucoup de douceur & de prudence. Mais sur la fin de son regne, il devint cruel & soupçonneux, & commit beaucoup de mauvaises actions.

579. *En pouvez vous rapporter quelques-unes ?*

Il fit mourir l'Illustre Philosophe Chrétien *Boëce* (45), & *Symmachus*, son beau-pere, deux des plus nobles & des plus riches Romains de ce temps là.

580. *Sous quel prétexte les condamna-t-il ?*

Sur une fausse accusation d'avoir voulu rétablir la liberté Romaine. Ils ne furent point ouïs dans leurs défenses, & souffrirent le dernier supplice l'an 523. *Théodoric* fit aussi mourir en prison à Ravenne, *Jean*, Evêque de Rome, & commit diverses autres cruautés.

581. *Quand mourut-il ?*

En 526, la 35e. année de son regne. On dit que sa mort fut causée par une frayeur qu'il eut. On avoit servi sur sa table la tête d'un gros poisson. Il s'imagina voir la tête de *Symmachus*, & les agitations de sa conscience hâterent sa mort.

582. *Qui est-ce qui lui succéda ?*

Athalaric, fils de sa fille *Amalasonte*. Ce Prince demeura sous la tutelle de sa mere, n'étant âgé que de huit ans.

583. *Clovis régnoit-il encore en France ?*

Non ; il étoit mort dès l'an 511, âgé de

---

(45) Il est fameux par son Ouvrage intitulé : *Consolations philosophiques*, dont M. *de Francheville* a donné une Traduction qui n'est pas aussi connue qu'elle le mériteroit.

45 ans. Il souilla aussi la fin de son regne par diverses cruautés, ayant fait mettre à mort presque tous ses parents. Son Royaume fut partagé entre ses enfants. Nous donnerons plus bas le dénombrement de tous ses Successeurs jusqu'à *Charlemagne*.

584. *Reprenons la suite de l'Empire d'Orient.*
Qu'avez-vous à dire de l'Empereur Justinien ?

Son regne a été mémorable par divers endroits, & en particulier par d'insignes victoires, dûes presque toutes au fameux *Bélisaire*, un des plus grands hommes de guerre qui ait été dans le Bas-Empire.

585. *Rapportez-moi quelques-unes de ces victoires ?*

Premierement, *Bélisaire* défit les Perses dans les années 529 & 530. Le peuple de Constantinople s'étant soulevé contre *Justinien*, & ayant nommé Empereur *Hypatius*, petit-fils de l'Empereur *Anastase*, *Bélisaire* prit les armes, & remit *Justinien* sur le trône. Cette sédition fut si violente, que *Justinien* songeoit déja à prendre la fuite. Pour la réprimer, *Bélisaire* fit périr plus de 30,000 hommes dans la ville de Constantinople.

586. *Continuez le récit des exploits de Bélisaire ?*

L'an 533, il conquit l'Afrique que les Vandales avoient envahie, comme nous l'avons dit ci-dessus, & mena en triomphe *Gilimer*, le dernier Roi de cette nation.

587. *De quelle maniere Justinien traita-t-il ce Roi vaincu ?*

Il le traita humainement. Il lui offrit la dignité de Sénateur, s'il vouloit renoncer à l'Arianisme. Comme *Gilimer* ne voulut point accepter cette condition, *Justinien* lui donna des terres en Cappadoce, où il paſſa le reſte de ſa vie en paix, & dans l'abondance.

588. *Ne rapporte-t-on rien autre choſe de ce Prince Vandal?*

Lorſqu'il fut mené par les rues en triomphe & au moment qu'on le préſenta à *Juſtinien*, il s'écria à haute voix : *Vanité des vanités, tout eſt vanité.*

589. *Eſt-ce là tout ce qu'a fait Béliſaire?*

Non. L'an 535 il paſſa en Italie, où il vainquit les Goths, & prit leur Roi *Vitigès*, qu'il mena priſonnier à Conſtantinople à l'Empereur *Juſtinien.*

590. *Comment ce Prince fut-il traité?*

Juſtinien l'ayant fait Sénateur, lui donna des terres, & le commandement de ſes troupes ſur la frontiere de Perſe. *Béliſaire* fit encore beaucoup de belles actions qu'il ſeroit trop long de raconter.

591. *Quel étoit le caractère de Juſtinien, ſon maître?*

On doit convenir que c'étoit un grand Prince, quoiqu'il fût d'une ambition exceſſive, & qu'il ſe piquât un peu trop de vouloir exceller en toutes choſes. L'Impératrice *Théodora* ſon épouſe, qui avoit été Comédienne, a auſſi fait tort à ſa réputation.

592. *Quelles ſont les principales actions de l'Empereur Juſtinien?*

Outre celles que *Béliſaire* fit ſous ſes auſpices, & que nous avons déjà rapportées, il fit bâtir à Conſtantinople l'Egliſe de *Sainte Sophie*, qui paſſe pour une des merveilles du monde. Ce bâtiment, que *Juſtinien* commença l'an 537, ſubſiſte encore aujourd'hui, & ſert de Moſquée aux Turcs.

593. *N'avez-vous rien à ajouter?*

Justinien fit faire par d'habiles Jurisconsultes, dont le principal étoit *Tribonien*, Payen de religion, un Recueil des anciennes Loix Romaines. C'est ce qu'on appelle le *Digeste*, ou les *Pandectes*, dont on se sert aujourd'hui dans la plus grande partie de l'Europe. Ce Recueil fut fait l'an 530 de N. S. Les Institutions de *Justinien* parurent l'an 533.

594. *Le Royaume des Ostrogoths en Italie cessa-t-il par la défaite de Vitigès?*

Non. Après que *Bélisaire* se fut retiré, ils élurent d'autres Rois. Le plus fameux est *Totila*, qui l'an 540 se rendit maître de toute l'Italie, prit Rome, brûla le Capitole, & renversa le tiers des murailles de la ville.

595. *En demeura-t-il paisible possesseur?*

Non. *Bélisaire* étant repassé en Italie, reprit Rome, & eut quelques avantages contre les Goths; mais il ne finit point la guerre, ayant été rappellé en Orient.

596. *Qu'arriva-t-il de cela?*

Totila prit Rome encore une fois. *Justinien* envoya contre lui un de ses Généraux, nommé *Narsès*, Eunuque, Persan d'origine. *Narsès* livra bataille à *Totila*, le battit, & le fit mourir l'an 552. Les Goths eurent encore un autre Roi, nommé *Téjas*, qui fut tué dans une bataille la premiere année de son regne. Le Royaume des Ostrogoths finit par là en Italie l'an de N. S. 553.

597. *En quelle année mourut l'Empereur Justinien?*

En 565, la 39e. de son regne. *Théodora* son épouse, étoit morte dès l'an 548. *Bélisaire* mourut la même année que *Justinien*, huit mois avant lui.

Qui fut le Successeur de Justinien?

Justin le Jeune, fils d'une de ses sœurs. Ce fut un Prince pieux & équitable, mais ayant de l'éloignement pour la guerre, ne trouva pas capable de défendre l'Empire Romain contre *Cosroès*, Roi des Perses, qui se rendoit alors formidable.

599. *Qu'arriva-t-il de cela?*

Justin sentant sa foiblesse, nomma César Tibere, un de ses Officiers, qui fut son successeur à l'Empire. Cela arriva l'an 474.

600. *En quelle année mourut Justin?*

L'an 578, ayant nommé Tibere Auguste quatre jours avant sa mort.

601. *Quel étoit le caractere de Tibere?*

C'étoit un fort bon Prince, mais son regne ne fut que de 3 ans & 10 mois. Il mourut en 582.

602. *Qui est-ce qui lui succeda?*

Maurice, à qui Tibere avoit donné sa fille Constantine en mariage. Ce fut un Prince vaillant, & d'ailleurs assez vertueux, si un attachement excessif à l'argent n'avoit pas souillé ses belles qualités. Cet attachement fut la cause de sa mort.

603. *Quelles furent les guerres où Maurice se signala?*

Les guerres contre les Perses, qui étoient alors les seuls ennemis des Empereurs Romains en Orient. *Maurice* les vainquit plusieurs fois, & leur accorda enfin, l'an 589, une paix avantageuse & glorieuse à l'Empire.

604. *Maurice n'eut-il point d'autres guerres à soutenir?*

Il en eut une dont l'événement lui fut fatal contre une nation de *Huns*, dite les *Avares*. *Chaganus*, Roi de cette nation, ayant vaincu

& fait prisonniers quelques milliers des soldats
Romains, il les mit à rançon, & *Maurice* n'ayant
pas voulu les racheter, ce barbare les fit tous
massacrer.

605. *De quelle maniere Maurice reçut-il la*
    nouvelle de ce malheur ?

Il en fut extrêmement affligé, & ordonna
de prier Dieu dans toutes les Eglises qu'il les
punît de son péché plutôt pendant sa vie qu'a-
près sa mort. Nous verrons comment il fut
exaucé dans le siécle suivant. Ce que nous venons de rapporter, arriva l'an 600 de N. S.

606. *Rapportez-moi présentement ce qui est arrivé*
    pendant ces temps-i en Occident ?

Les Lombards, ayant à leur tête *Alboin* leur
Roi, s'emparerent de toute l'Italie, excepté
de Rome & Ravenne. Ils ont donné leur nom
à la Lombardie, & leur regne a duré jusqu'à
la fin du VIIIe. siécle.

607. *Les Visigoths régnoient-ils toujours en Es-*
    pagne ?

Oui. L'an 585, un de leurs Rois, nommé
Récarede, fut converti à la Religion Orthodoxe,
& renonça à l'Arianisme entre les mains de
Léandre, Archevêque de Séville. Toute la Noblesse & le peuple suivirent l'exemple du Roi.

608. *Les Anglo-Saxons se maintenoient-ils*
    dans la Grande Bretagne ?

Oui. Comme jusqu'alors ils avoient été Payens,
Grégoire, surnommé le Grand, y envoya quelques Moines, dont le chef étoit un nommé
Augustin, pour y prêcher la Religion Chrétienne. Ce qu'ils commencerent à faire l'an 596.

SIECLE

SIECLE VII.

609. *Quelle fut la fin de l'Empereur Maurice ?*

Au commencement de la vingtieme année de son regne, l'an 602 de N. S., *Phocas*, qui n'étoit que Capitaine dans ses troupes, fit soulever l'armée ; & s'étant rendu maître de la personne de l'Empereur, il lui fit couper la tête à Chalcédoine, après avoir fait massacrer ses fils en sa présence. Pendant ce cruel spectacle, *Maurice* adressoit sans cesse à Dieu cette exclamation : *Seigneur, vous êtes juste, & vos jugements sont équitables.*

610. *Que devint l'Impératrice Constantine son épouse ?*

Le tyran *Phocas* la fit massacrer trois ans après, avec ses trois filles, qui étoient les seuls enfants qui restassent de l'Empereur *Maurice ?*

116. *Phocas régna-t-il paisiblement ?*

Il se rendit d'abord odieux par ses crimes & par l'infamie de ses mœurs. L'an 611, qui étoit la huitieme année de son regne, plusieurs Seigneurs conspirerent contre lui; & s'étant saisis de sa personne, ils l'emmenerent à *Héraclius*, qu'ils avoient nommé Empereur. Celui-ci, après lui avoir fait couper les mains, les pieds, & ensuite la tête, fit brûler le reste de son corps par les soldats, dans la place publique de Constantinople.

612. *Héraclius fut-il un Empereur digne de louange ?*

Il se distingua à la guerre, & vainquit

F

Cosroës, Roi de Perse, qui s'étoit emparé de la Palestine & de l'Egypte. Mais il a été désagréable aux Ecclésiastiques, pour avoir favorisé l'hérésie des *Monothélites*, qui naquit de son temps.

613. *En quoi consistoit cette hérésie ?*

A enseigner qu'il n'y avoit qu'une volonté en N. S. J. C. Elle commença en 630, & fut condamnée en 680 dans un Concile assemblé à Constantinople.

614. *Le regne d'Héraclius n'est-il point signalé par quelque autre grand événement ?*

Ce fut de son temps que *Mahomet* commença à prêcher sa fausse Religion, qui est contenue dans le *Coran* : c'est un mélange confus de quelques vérités du Judaïsme & du Christianisme avec un grand nombre de fables grossieres.

615. *Qui étoit Mahomet ?*

Il étoit citoyen de la Mecque en Arabie, homme sans lettres, mais ambitieux & fanatique, ne manquant point d'esprit & d'adresse pour insinuer ses dogmes, en partie par force, en partie par persuasion. Les divisions qui régnoient alors parmi les Chrétiens ont beaucoup contribué à l'accroissement de sa Religion (46)

616. *En quelle année a-t-elle commencé ?*

L'an 622, qu'on appelle la premiere année

---

(46) On a diverses Histoires de Mahomet. Celle de *Prideaux* est la plus abrégée ; on trouve à-peu-près tout ce qu'on peut desirer dans celle de *Gagnier*, & pour celle du Comte *de Boulainvilliers*, c'est une Apologie du Mahométisme.

de l'*Hégire*, ou de la fuite de *Mahomet*, lorsqu'il fut chaſſé de la Mecque par ſes concitoyens. Les Mahométans ſe ſervent de cette époque pour marquer le nombre de leurs années. *Mahomet* mourut l'an 631 de N. S.

617. *Par quels moyens s'étendit cette funeſte Religion après la mort de Mahomet ?*

Par les moyens des Califes ſes ſucceſſeurs, qui firent en très-peu de temps de fort grandes conquêtes. Ces Califes étoient ſouverains pour le temporel & pour le ſpirituel. Ils faiſoient eux-mêmes la priere & la prédication dans les moſquées, tenant pendant tout ce temps-là un ſabre nud dans leur main droite.

618. *Quels furent les premiers Califes ?*

Abubeker, oncle de *Mahomet*, qui ne régna guere plus de deux ans, & fit la conquête de toute la Syrie; *Omar*, qui régna dix ans & demi, & conquit la Perſe & l'Egypte; *Ali*, gendre de *Mahomet;* il régna douze ans. Preſque tous les Califes ſuivants ont eu une fin tragique.

619. *Combien le Califat a-t-il ſubſiſté ?*

Il fut aboli dans le treizieme ſiecle par les Tartares, comme nous le verrons en parlant de ces temps-là.

620. *En quel temps mourut l'Empereur Héraclius ?*

L'an 641, après avoir régné vingt ans & quatre mois. Il eut pour ſucceſſeur *Conſtantin* ſon fils, qu'il avoit eu de ſa premiere femme. Ce pauvre Prince fut empoiſonné le quatrieme mois de ſon regne par l'Impératrice *Martine*, ſa belle-mere.

621. *Qui eſt-ce qui régna après lui?*

Héracléonas, fils de *Martine*, régna avec ſa

mere. Leur regne ne fut que de six mois. Il eut le nez coupé par ordre du Sénat, & la langue fut arrachée à sa mere. *Constans*, fils de *Constantin*, & petit-fils *d'Héraclius*, fut fait Emperenr en leur place. Il commença à régner l'an 642, & fut Monothélite comme son aïeul.

622. *Son regne fut-il heureux ?*

Non ; il fut battu sur mer par les Sarrasins, qui se rendirent maîtres de plusieurs places de l'Empire Romain. Etant passé en Italie dans le dessein d'en chasser les Lombards, il y fut pareillement défait. De-là il passa à Rome qu'il pilla.

623. *Que devint-il ensuite ?*

S'étant retiré en Sicile, où il séjourna six ans, il fut tué dans un bain à Syracuse par ses propres domestiques, l'an 668, la vingt-septieme année de son regne.

624. *Qui est-ce qui lui succéda ?*

Son fils surnommé *Constantin Pogonat*, c'est-à-dire, *le Barbu*. Il fut ce qu'on appeloit alors Orthodoxe, par rapport aux deux volontés de N. S. J. C.

625. *Qu'arriva-t-il pendant son regne ?*

Les Sarrasins tinrent Constantinople assiégée pendant sept ans, & ne se retirerent qu'après avoir forcé l'Empereur de promettre qu'il leur paieroit un tribut annuel. Cette condition ne fut point accomplie, la flotte des Sarrasins ayant été submergée à leur retour.

626. *Constantin Pogonat ne fit-il rien autre chose ?*

Il fit tenir à Constantinople, l'an 680, un Concile universel contre les Monothélites.

627. *Quelle fut la fin de Constantin Pogonat ?*

Il mourut à Constantinople l'an 685, après avoir régné dix-sept ans.

628. *Qui fut son successeur?*

Son fils *Justinien II*, qui étoit âgé de seize ans. On l'appelle ordinairement dans l'Histoire, *Rhinotmete*, c'est-à-dire, *nez coupé*.

629. *D'où lui vient ce surnom?*

En voici la raison. Comme il se gouvernoit d'une maniere cruelle & fort déréglée, il devint odieux à tout le monde. Un Sénateur, nommé *Léontius*, conspira contre lui; & s'étant saisi de sa personne, il le relégua à *Chersone* dans le Pont-Euxin, après lui avoir fait couper le nez. Cela arriva l'an de N. S. 695.

630. *Léontius régna-t-il en sa place?*

Oui, & ce fut sous son regne, l'an 698, que les Sarrasins prirent Carthage, & se rendirent maîtres de l'Afrique, qui, depuis ce temps-là, a toujours été entre les mains des Mahométans.

631. *Cet Empereur régna-t-il long-temps?*

Il ne régna que trois ans. Ayant envoyé une armée en Afrique pour conquérir Carthage, & la chose n'ayant point réussi, les soldats craignant sa colere, élurent un autre Empereur, nommé *Apsimare*, à qui ils donnerent le nom de *Tibere*. Ce nouvel Empereur étant arrivé à Constantinople, fit couper le nez à *Léontius*, & l'enferma dans un Monastere pour le reste de ses jours.

632. *N'arriva-t-il aucune révolution dans les Pays-Bas pendant le cours de ce siecle?*

Dagobert Ier. Roi de France, se rendit maître de la plus grande partie de ces Provinces, chassa les Frisons de l'ancienne ville d'*Utrecht*, & y fonda une Eglise, ou Chapelle : cela arriva entre les années 622 & 30. Depuis en 690, *Willibrod*, Moine Anglois, vint prêcher l'Evangile dans ces contrées.

633. *Les Frisons embrasserent-ils le Christianisme?*

Non; du moins pas généralement tant que leurs Princes furent infideles; ce qui dura jusqu'à la fin du huitieme siecle.

634. *En quel état se trouvoit alors la République de Venise?*

Cette République, établie depuis environ deux siecles & demi, & qui s'étoit agrandie par son commerce & son industrie, fut alors fort près de sa ruine, par le mauvais gouvernement de ses Magistrats, qu'on nommoit alors *Tribuns*: l'autorité que le peuple leur avoit confiée, étoit dégénérée entre leurs mains en un despotisme absolu. On se vit obligé de convoquer, en 697, une assemblée générale de la nation à Héraclée, dans laquelle on prit la résolution d'élire un *Duc* ou *Doge*, comme le centre de l'autorité publique, & les suffrages se réunirent en faveur de *Paul-Luc-Anafesta*, qui fut le premier Duc de la République. Depuis ce temps-là, l'Etat avoit plus de vigueur, & fleurissoit; de sorte qu'il fit tête aux Empereurs Romains & aux Turcs, par la suite du temps (47).

---

(47) On peut, sur l'Histoire de la République de Venise, lire l'Histoire de Constantinople, traduite du Grec, par *Cousin*. Histoire de Venise, par *Nanin*, 4 vol. 8vo. Histoire de la République de Venise, par l'Abbé *Langier*, 12 vol. in-12.

ABRÉGÉ
CHRONOLOGIQUE
DE L'HISTOIRE UNIVERSELLE.

TROISIEME PARTIE.

SIECLE VIII.

635. *Que devient l'Empereur Justinien Rhinotmete?*

S'étant échappé de son exil de Chersone, il eut recours aux Bulgares, qui lui fournirent des troupes par le moyen desquelles il recouvra l'Empire, après un exil de dix ans, l'an 705 de N. S.

636. *Que fit-il après son rétablissement?*

Il fit cruellement mourir *Apsimare* & *Léontius*. Outre cela, il fit massacrer tous les habitants de Chersone, & commit plusieurs autres cruautés.

637. *Demeurerent-elles impunies?*

Non; les principaux Seigneurs de Constantinople se révolterent, & élurent Empereur, l'an 711, *Bardane-Philippique*, qui fit mourir *Justinien*, & un fils qu'il avoit, qui portoit le nom de *Tibere*.

638. *Quel fut le sort de ce nouvel Empereur?*

F 4

Ce fut un homme de très-mauvaise conduite, qui ne régna que deux ans & quelques mois, ayant été tué par une troupe de conjurés, dont le Chef étoit *Artemius*, un de ses Secretaires d'Etat. Cela arriva l'an 713 de N. S.

539. *Quelles furent les suites de cette action ?*

Artemius fut élu Empereur, & prit le nom d'*Anastase*. Il ne conserva pas long-temps cette dignité. Les soldats s'étant révoltés contre lui, il abdiqua l'Empire, & se fit Moine, après avoir régné deux ans.

640. *Qui fut son successeur?*

Un nommé *Théodose*, homme de peu de mérite, qui fut déclaré Empereur par les soldats, l'an 715. Se sentant incapable de régner, il céda l'Empire en 717 à *Léon* l'Isaurien.

641. *Revenons présentement en Occident. Que s'y passoit-il de considérable ?*

Nous parlerons de la France plus bas. L'Espagne fut alors conquise par les Sarrasins, qui ayant fait une invasion dans ce Royaume, s'y sont maintenus jusqu'au XVe. & même jusqu'au XVIIe. siecle.

642. *Comment & en quel temps se fit cette conquête ?*

Les Arabes, successeurs de Mahomet, s'étant emparés de toute la côte d'Afrique, passèrent, l'an 712, avec des troupes nombreuses en Espagne, où, après divers combats, ils donnerent bataille, l'an 714, à *Roderic*, dernier Roi des Visigoths, défirent son armée, le tuerent, & devinrent par-là maîtres de tout ce grand Royaume.

643. *La Religion Chrétienne fut-elle alors éteinte en Espagne ?*

Pas tout-à-fait. Les Sarrasins permirent aux

Chrétiens l'exercice de leur Religion ; & quelques restes de Goths s'étant sauvés dans les montagnes des Asturies & de la Biscaie, y conserverent leur Royaume & leur croyance.

644. *Comment s'appeloit leur Chef ?*

Il s'appeloit *Don Pelage*, & eut *Don Favila*, pour successeur. On croit qu'ils ont porté l'un & l'autre le nom de Roi, quoique les pays qui leur étoient soumis, fussent d'une très-petite étendue. On peut appeler ces deux Princes les restaurateurs de la nation Espagnole.

645. *Revenons à l'Empire d'Orient. Qu'avez-vous à rapporter de Léon l'Isaurien ?*

Ce fut un grand Prince ; dès le commencement de son regne, il défit les Sarrasins, qui étoient venus assiéger Constantinople. Il fit plusieurs autres belles actions, & rétablit la paix dans tout l'Empire.

646. *Tous les Historiens s'accordent-ils à le louer ?*

Le culte des images, reste de l'ancien Paganisme, s'étoit établi dans presque tout l'Orient. L'Empereur ne voulant pas souffrir cet abus, commença à les faire ôter des églises dès l'an 726. Et en 730, il en défendit l'usage par un édit solemnel. Cela lui attira la haine & la persécution des Ecclésiastiques ignorants & superstitieux, & lui fit perdre tout ce que l'Empire possédoit alors en Italie.

647. *Comment cela arriva-t-il ?*

Grégoire II, Pape de Rome, entreprit la défense des images, & condamna dans un Concile d'Evêques, dépendants de lui, l'édit de l'Empereur. En vertu de cette condamnation séditieuse, il fit révolter Rome & le reste de l'Italie, ayant défendu de reconnoître désormais l'Empereur Romain, & de lui payer tribut.

648. *L'Empereur ne tira-t-il point raison de cet outrage?*

Il l'entreprit, mais inutilement. Une flotte qu'il avoit envoyée en Italie en 732, périt par une tempête dans le Golphe Adriatique. Outre cela, par un jugement de Dieu, dont les causes nous sont inconnues, la fureur du culte des images étoit si violente en Italie & en Orient, qu'on traitoit d'Hérétiques ceux qui avoient assez de Religion & de courage pour le condamner.

649. *Léon l'Isaurien posséda-t-il long-temps l'Empire?*

Il régna 24 ans, & mourut d'hydropisie l'an 741 de N. S.

650. *Qui est-ce qui lui succéda?*

Son fils *Constantin*, surnommé *Copronyme*. Il faut observer que ce dernier nom qui est ignominieux, ne lui a été donné que par les Ecclésiastiques ses ennemis.

651. *Par quelle raison le haïssoient-ils?*

Parce que, marchant sur les traces de son pere, il continuoit à proscrire le culte des images.

652. *Régna-t-il d'ailleurs heureusement?*

Les Ecclésiastiques superstitieux lui susciterent une infinité de traverses. Cependant on peut dire que ce fut un digne Empereur, aimé des gens de bien, & fort attaché à la pureté de la Religion.

653. *Quelles preuves en donna-t-il?*

L'an 744, il fit assembler à Constantinople un Concile de 338 Evêques, où le culte des images fut déclaré contraire à la parole de

Dieu, & absolument interdit dans tout l'Empire.

654. *L'usage des images cessa donc alors dans l'Eglise?*

Il auroit cessé sans l'opiniâtreté & l'entêtement superstitieux des Moines, qui, appuyés de quelques Evêques & de la populace ignorante, continuerent en secret ce culte, qui a été une des premieres sources de la corruption de l'Eglise.

655. *L'Empereur Constantin régna-t-il long-temps?*

Il régna 34 ans, étant mort l'an de N. S. 735, âgé de 59 ans.

656. *Qui est-ce qui lui succéda?*

Son fils, nommé *Léon*, qui étoit alors âgé de 26 ans. Il continua à condamner le culte des images, & mourut l'an 780, après avoir régné cinq ans.

657. *Dites-moi en quel état étoit alors le Royaume de France?*

Il faut savoir qu'il y a eu dans le Royaume de France trois races qui se sont succédées les unes aux autres; la race des *Mérovingiens*, celle des *Carlovingiens*, & celle des *Capétiens*.

658. *D'où est-ce que ces races tirent leurs noms?*

Celle des Mérovingiens de *Méroüée*, dont la postérité a régné jusqu'à *Pepin* le Bref, pere de Charlemagne. Celle des Carlovingiens vient de *Charlemagne*, dont les descendants ont été Rois, ou Empereurs, jusqu'à *Hugues-Capet*, qui commença à régner l'an 987. Celle des Capétiens a duré depuis Hugues-Capet jusqu'à *Louis XVI*, qui regne aujourd'hui.

659. *Pourriez-vous me dire les noms des Rois de la premiere race?*

Clovis, dont nous avons parlé ci-dessus,

aussi-bien que de ses quatre prédécesseurs, eut pour successeurs *Childebert, Clotaire I, Charibert, Chilperic I, Clotaire II, Dagobert I, Clovis II, Clotaire III, Théodoric I, Clovis III, Childebert, Dagobert II, Chilperic II, Théodoric II & Childeric III*, en qui finit la premiere race, l'an de N. S. 752.

660. *De quelle maniere cette race cessa-t-elle de régner?*

Les derniers Rois Mérovingiens se livrerent à la fainéantise & à la mollesse. Ils abandonnoient le gouvernement du Royaume à des Officiers, qu'on appeloit les *Maires du Palais*. Ces Seigneurs exerçoient toutes les fonctions de la royauté, dont le titre seul leur manquoit. *Pepin* le Bref, qui étoit Maire du Palais, sous *Childeric III*, relégua ce Roi dans un Monastere, & s'empara de sa dignité, du consentement de toute la nation.

661. *Comment Pepin soutient-il la dignité dont il se vit alors revêtu?*

Il fit heureusement la guerre en Italie, où il soumit les Lombards, & prit le territoire de Ravenne, dont il fit présent à l'Evêque de Rome. Après plusieurs autres belles actions, il mourut à Paris l'an de N. S. 768.

662. *Qui fut son successeur?*

Charlemagne, son fils, un des plus grands Princes qui aient régné en Occident. Ce fut lui qui porta la dignité d'Empereur dans la race des Rois de France, d'où elle est passée en Allemagne, comme nous le verrons en son lieu. Il commença à régner l'an 768, & mourut en 814.

663. *Quelles furent les premieres actions de ce Prince?*

Didier, Roi des Lombards, inquiétoit *Adrien*, Evêque de Rome. A la priere de celui-ci, *Charlemagne* passa en Italie, défit *Didier*, & l'ayant assiégé à Pavie, se rendit maître de sa personne, l'ayant amené prisonnier en France l'an de N. S. 774. Ainsi finit le regne des Lombards en Italie.

664. *Charlemagne n'eut-il point d'autres guerres à soutenir?*

Il soumit les Saxons, & obligea *Witekind* leur Prince, à embrasser la Religion Chrétienne, l'an de N. S. 785.

665. *Ne traita-t-il pas les Frisons de même?*

Oui. Les ayant assujettis entiérement en 794, il régla qu'ils embrasseroient le Christianisme, auxquels cas ils conserveroient le titre de *Gens libres*, & ne paieroient aucun tribut. Depuis ce temps-là, l'Evangile fut généralement reçu dans ce pays.

666. *Cela procura-t-il une paix durable à ces Provinces?*

Au bout de quelques années, elles furent exposées aux irruptions des Normands & des Danois, qui profiterent de l'affoiblissement de l'Empire, partagé entre les successeurs de *Charlemagne*.

667. *En quel état étoient alors les affaires en Orient?*

Léon, fils de *Constantin-Copronyme*, étant mort jeune, comme nous l'avons dit ci-dessus, *Constantin*, son fils, qui n'étoit âgé que de dix ans, lui succéda l'an 780, & demeura sous la tutelle de l'Impératrice Irene, sa mere, à cause de sa jeunesse.

668. *Arriva-t-il quelque chose de considérable sous leur regne?*

Irene, qui étoit une méchante Princesse, & fort superstitieuse, fit assembler à Nicée, un Concile de 280 Evêques très-ignorants, l'an 787. Le culte des images y fut rétabli ; le Concile de Constantinople, tenu sous *Constantin-Copronyme*, fut condamné, & ceux qui refusoient d'adorer les images, furent déclarés hérétiques & anathématisés.

669. *Ce Concile fut-il universellement reçu ?*

Non. L'Empereur *Charlemagne* en tint un autre à Francfort, l'an 794, où l'on condamna le Concile d'*Irene*, & l'adoration des images.

670. *Que fit Irene ensuite ?*

Ayant voulu usurper trop d'autorité sur *Constantin* son fils, ce jeune Prince l'obligea de renoncer à l'Empire l'an 790. Mais l'an 797, *Irene*, s'étant fait un gros parti, se saisit de lui, & lui fit crever les yeux avec tant de cruauté, qu'il mourut cinq jours après. Nous verrons au commencement du siecle prochain, quelle fut la fin de cette malheureuse Impératrice.

TROISIEME PÉRIODE.

Depuis le couronnement de Charlemagne, jusqu'au regne de Henri l'Oiseleur ; 120 ans.

SIECLE IX.

671. COMMENT *Charlemagne parvint-il à la dignité Impériale* (48) ?

Léon III, Evêque de Rome, ayant été maltraité par les Romains, appela à son secours *Charles*, alors Roi de France, qui le rétablit dans sa dignité. *Léon*, pour reconnoître ce bienfait, couronna *Charlemagne* Empereur d'Occident, la nuit de Noël de l'an 800 de N. S.

----

(48) L'Histoire de l'Empire d'Allemagne fait un objet séparé ; & quoiqu'elle soit plus récente que les autres, c'est une des plus difficiles à bien traiter. On a l'Ouvrage de *Heiss*, dont on s'est servi, faute de mieux. Le *P. Barre* en a donné un fort étendu, mais où la critique trouve à s'exercer. Je n'indique pas M. *Mascou*, & les autres Auteurs Latins ou Allemands. Les *Annales de l'Empire* de M. *de Voltaire* sont un simple Abrégé, superficiel & peu exact. *L'Essai sur l'Histoire générale* de cet Auteur célèbre, répand beaucoup de clarté sur l'Histoire du temps de Charlemagne. *L'Introduction à l'Histoire*, par le *Baron de Puffendorff*, peut rendre de meilleurs services. La nouvelle édition continuée jusqu'en 1750, par M. *de Grace*, en 8 volumes in-4to. La derniere, & qu'on dit la meilleure, c'est celle de M. Schmid à Ulm, qui a déja 7 volumes, in-8vo., & qui est traduite en François.

672. *Que devint l'Impératrice Irene après la mort de l'Empereur Conſtantin ſon fils ?*

Son crime lui ayant attiré la haine de tout le monde, un Seigneur, nommé *Nicéphore*, la dépouilla de l'Empire; & l'ayant exilée dans l'Iſle de Lesbos, il régna en ſa place, l'an 802. *Irene* mourut la même année dans le lieu de ſon exil dans une grande miſere.

673. *Charlemagne jouit-il long-temps de la dignité Impériale ?*

Il mourut le 28 Janvier de l'an 814, âgé de ſoixante-onze ans, la quarante-ſeptieme année de ſon regne, & la quatorzieme de ſon Empire.

674. *Où mourut-il ?*

A Aix-la-Chapelle.

675. *A qui laiſſa-t-il l'Empire ?*

A ſon fils *Louis*, ſurnommé *le Débonnaire*, qu'il avoit aſſocié au Trône un an avant ſa mort.

676. *Le regne de Louis-le-Débonnaire fut-il heureux ?*

Non : il fut troublé par les révoltes de ſes propres enfants, *Lothaire*, *Louis* & *Pépin*, qui en vinrent avec lui juſqu'aux plus grandes extrémités.

677. *Quel prétexte prirent-il pour autoriſer leur conduite ?*

Ces trois Princes étoient nés d'un premier mariage de *Louis* avec une Princeſſe, nommée *Ermengarde*. Lorſque cette Dame fût morte, *Louis* épouſa une très-belle perſonne, nommée *Judith*, dont il eut un fils appelé *Charles*, qui fut depuis Empereur. *Lothaire*, *Louis* & *Pepin*, qui voyoient qu'on deſtinoit *Charles* à l'Empire, firent la guerre à leur pere, & accuſerent leur belle-mere *Judith* d'impudicité. Cette révolte rendit le regne de *Louis* le Débonnaire plein de troubles, & très-malheureux pour cet Empereur.

678. *Louis-le-Débonnaire régna-t-il long-temps ?*

Il mourut l'an 840, âgé de 64 ans, la 27me. année de son regne.

676. *Qui eſt-ce qui lui ſuccéda ?*

Lothaire, ſon fils aîné, qui, ayant voulu priver ſes deux autres freres de leur partage, s'attira de leur part une ſanglante guerre.

680. *Qu'en arriva-t-il ?*

Pepin étoit mort dès l'an 837 ; ainſi il ne reſtoit plus que *Louis* & *Charles*, qui, ayant uni leurs forces, livrerent bataille à *Lothaire*, & le défirent l'an de N. S. 841.

681. *Quelles furent les ſuites de cette action ?*

Lothaire ayant encore une fois été défait par ſes freres, il fut obligé d'en venir à un partage, l'an 844. *Lothaire* conſerva avec le nom d'Empereur, Rome, l'Italie, la Gaule-Belgique, la Provence & la Bourgogne. *Louis* eut l'Allemagne, & *Charles* la France.

682. *Lothaire conſerva-t-il l'Empire long-temps ?*

Il abdiqua l'an 855, & ſe retira dans un Monaſtere, après avoir partagé l'Empire à ſes trois fils, *Lothaire*, *Louis* & *Charles*. Il laiſſa l'Empire avec toute l'Italie à *Louis* ſon aîné. La Lorraine échut à *Lothaire*, & *Charles* eut la Provence pour ſon partage.

683. *Que réſulta-t-il de ſon partage ?*

Charles mourut le premier ſans lignée ; *Lothaire* le ſuivit vers l'an 869, & l'Empereur *Louis II*, ayant réuni tous ces Etats, termina ſa vie l'an 875.

684. *Dites-moi présentement ce qui se passoit alors dans l'Empire d'Orient?*

Nicéphore, dont nous avons parlé ci-dessus, périt dans une bataille contre les Bulgares l'an 811 de N. S. , la neuvieme année de son regne.

685. *Qui est-ce qui lui succéda ?*

Michel Curopolate, Prince peu propre à gouverner. Ayant été vaincu par les Bulgares l'an 813, il céda de bon gré l'Empire à *Léon* l'Arménien.

686. *Quel fut le caractere de cet Empereur ?*

Il fut vaillant & pieux, & travailla pendant tout le cours de son regne à proscrire le culte des Images, qu'*Irene* avoit rétabli dans son faux Concile de Nicée.

687. *Comment finit-t-il ses jours ?*

Il fut tué dans l'Eglise le jour de Noël l'an 820, par *Michel* le Begue, qui s'empara de l'Empire.

688. *Qu'avez-vous à me dire de cet Empereur?*

On dit qu'il fut extrêment cruel, & il y a lieu de le croire. Cependant il ne fut pas plus favorable au culte des images que son prédécesseur. Il mourut la neuvieme année de son regne, l'an 829.

689. *Qui est-ce qui régna après lui?*

L'Empereur *Théophile*, son fils. Ce fut un Prince d'une vie réglée, sévere observateur des loix de la Justice, & ennemi du culte des images.

690. *Combien d'années régna-t-il ?*

Il régna 12 ans & 3 mois, & mourut l'an 841, un an après *Louis* le Débonnaire.

691. *Ne parle-t-on pas de la Papesse Jeanne, qu'on dit avoir vécu dans ce siécle ?*

Ceux qui en font mention, disent qu'elle

a occupé le fiege de Rome depuis l'an 855 jufqu'à l'an 857, & ils la placent entre les Papes *Léon IV.* & *Bénoit III.* Cependant il faut avoüer que c'eft un conte infoutenable, & une fiction mal imaginée. (49)

692. *Quel Empereur fuccéda à Louis II. ?*

Charles, furnommé *le Chauve*, fils de l'Empereur *Louis* le Débonnaire, & de l'Impératrice *Judith.* Il commença à régner l'an 875, & mourut l'an 877. Les Normands, nation barbare, ravagerent plufieurs provinces de France, pendant le regne de cet Empereur.

693. *Qui fut fon Succeffeur ?*

Il y a des Auteurs qui mettent *Louis* le Begue fon fils au nombre des Empereurs ; mais il ne fut que Roi de France. Il mourut l'an 879 ; il eut pour fucceffeur au Royaume de France, fes deux fils, *Louis* & *Carloman. Louis* mourut l'an 882, & *Carloman*, l'an 884. Un troifieme fils qu'il laiffa au berceau, fut depuis Roi de France, & connu fous le nom de *Charles-le-Simple.*

694. *N'y avoit-il donc plus de Prince qui portât alors en Occident le nom d'Empereur ?*

Celui qui en étoit revêtu, s'appeloit *Charles-le-Gros.* Il étoit fils de *Louis* le Germanique, fecond fils de l'Empereur *Louis-le-Débonnaire. Charles-le Gros* eut le nom de l'Empereur dès l'an 880, & parvint au Royaume l'an 885.

695. *Jouit-il long-temps de ces deux dignités ?*

Il fut forcé de les abdiquer l'an 887, à caufe de fa mauvaife fanté, & de la foibleffe de fon

---

(49) Voyez *l'Hiftoire de la Papeffe Jeanne*, que *Lenfant* a donnée après l'ouvrage de *Spanheim.*

esprit. Après cela, il tomba dans un abandon-
si général, que, pour vivre, il fut obligé
d'avoir recours à la charité d'*Arnolphe*, fils de
Carloman, Roi de Baviere. Il mourut l'an 888.

696. *Qui étoit ce Carloman, Roi de Baviere ?*
Il étoit fils de *Louis*, Roi de Germanie,
frere aîné de l'Empereur *Charles-le-Gros*.

697. *Quel Empereur succéda à Charles-le-Gros ?*
Le même *Arnolphe* de Baviere, son neveu,
duquel nous avons déja parlé. Il ne régna que
trois ans, étant mort de la maladie pédicu-
laire, l'an 899. Il avoit commencé à régner
l'an 896. Depuis 888, jusqu'en 896, il y eut
en Italie divers Princes qui prirent le nom
d'Empereur ; mais ils ne purent le soutenir.

698. *Qui est-ce qui régnoit alors en France ?*
Odon, Comte de Paris, régna depuis l'an
889, jusqu'à l'an 898. Il laissa, par sa mort,
le Royaume à *Charles-le-Simple*, fils de *Louis-
le Begue*.

699. *Voyons présentement ce qui s'est passé en
Orient pendant le reste du IXe. siecle ?*
Théophile, dont nous avons parlé ci-dessus,
étant mort, son fils *Michel* lui succéda sous
la tutelle de *Théodore* sa mere, qui, abusant
de l'enfance de l'Empereur, rétablit, à l'exemple d'*Irene*, le culte des images, qui s'est depuis soutenu, & se soutient encore en Orient.

700. *Le regne de cet Empereur fut-il heureux ?*
Non : il s'abandonna à l'impiété & à la dé-
bauche, & fut tué par un de ses Officiers, appelé *Basile Macédonien*, l'an de N. S. 867. Cette
action de *Basile* étoit d'autant plus blâmable, qu'un
an auparavant *Michel* l'avoit associé à l'Empire.

701. *Quel fut d'ailleurs le regne de Basile
Macédonien ?*

Les Hiſtoriens parlent avantageuſement, tant de ſa valeur que de ſon amour pour la juſtice.

702. *Régna-t-il long-temps ?*

Il régna plus de 20 ans, & mourut l'an 889.

703. *Qui eſt-ce qui lui ſuccéda ?*

Léon, ſon fils, ſurnommé *le Philoſophe*, Prince d'un grand mérite.

SIECLE X.

704. QUI fut le ſucceſſeur de *l'Empereur Arnolphe ?*

Louis IV, ſon fils, qui ne porta néanmoins, ni le titre, ni la couronne d'Empereur. Il régna depuis l'an 900, juſqu'en 911, qui fut l'année de ſa mort. La race de *Charlemagne* finit en lui dans l'Allemagne.

705. *Qui eſt-ce qui lui ſuccéda ?*

L'Empereur *Conrad*, Duc de Franconie, qui ne régna, que 7 ans, & mourut l'an 919.

QUATRIEME PÉRIODE.

Depuis le regne de l'Empereur Henri l'Oiſeleur, juſqu'à l'élection de Rodolphe, Comte de Haps-bourg ; 363 ans.

706. QUEL Empereur ſuccéda à *Conrad ?*

Henri, ſurnommé *l'Oiſeleur*, à cauſe qu'il aimoit la fauconnerie. Ce Prince étoit fils d'*O-thon*, Duc de Saxe, deſcendu, comme l'on croit, de la race de *Witekind*. Il commença à régner l'an 920.

707. *Cet Empereur a-t-il fait quelque chose qui soit remarquable ?*

Il vainquit les Hongrois, qui avoient commis de grands défordres dans l'Empire, & leur accorda la paix, après les avoir engagés à se contenter des pays qu'ils occupent encore aujourd'hui. Cette guerre dura jusqu'à l'an 934, & fut continuée à diverses reprises. Les Hongrois étoient encore Païens.

708. *Quelles furent les autres actions de Henri l'Oiseleur ?*

Environ l'an 626 ou 927, il fit la guerre aux Vénedes, ou *Wenden*, nation Sclavonne, qui occupoient les lieux où est présentement la Marche de Brandebourg.

709. *Les soumit-il entiérement ?*

Il en commença la conquête par la prise de la ville de Brandebourg, qui s'appeloit en langue Sclavonne, *Brannybor*, c'est-à-dire, *défense de la forêt.*

710. *La Marche de Brandebourg fut-elle alors fondée comme on le prétend ?*

Cela est très-douteux. Les Marcgraves, que l'on met en ce siecle-ci, font, ou faux, ou incertains. Les véritables commencements de la Marche appartiennent au XII. siecle (50).

711. *En quelle année mourut l'Empereur Henri Ier. ?*

Il mourut l'an 636, s'étant acquis pendant

─────────────────────────

(50) On peut confulter là-deffus la Differtation qui a remporté le prix de l'Académie royale de Berlin en 1760.

sa vie l'estime & le respect de toutes les nations de l'Europe.

712. *Qui eut-il pour successeur?*

Othon le Grand, son fils, Prince magnanime & vertueux. Pendant son regne, il étendit la Religion Chrétienne dans tout l'Empire, & fonda les Evêchés de Brandebourg, Havelvelberg, Meissen, Zeitz & Magdebourg. Il vainquit en diverses rencontres les François, les Hongrois & les Bohémiens, & fit plusieurs autres belles actions. Il mourut l'an 973 après avoir régné 37 ans, & fut enterré à Magdebourg.

713. *En quel état se trouvoit alors la Religion Chrétienne?*

La corruption étoit fort grande dans la doctrine & dans les mœurs. C'est à cet égard, & à cause de l'ignorance où tout étoit plongé, que les Historiens ont donné au Xe. siecle le nom de *Siecle de fer*.

714. *Y eut-il pourtant des nations qui embrasserent le Christianisme?*

Oui. Les Russes, jusqu'alors Païens, reçurent des Grecs de Constantinople la Religion Chrétienne, environ l'an 924. *Olba*, leur Duchesse, & *Wolodomir*, son fils, furent baptisés. *Micislaüs*, Roi ou Prince de Pologne, devint pareillement Chrétien l'an 965, & *Etienne*, premier Roi Chrétien de Hongrie, fut baptisé en 969.

715. *Parlons présentement de l'Empire d'Orient?*

Léon le Philosophe mourut l'an 911, & laissa l'Empire à *Constantin Porphyrogenete*, son fils, qui n'étoit encore qu'un enfant. Ce Prince fut malheureux sous diverses tutelles auxquelles il fut soumis. Il mourut l'an 959, âgé de 54 ans. Ce fut un Prince savant. On croit qu'il fut empoisonné par *Romain*, son fils & son successeur.

716. *Romain régna-t-il long-temps ?*

Il régna depuis l'an 959 jusqu'à l'an 963, où il mourut âgé de 24 ans. C'étoit un Prince de mauvaises mœurs.

717. *Qui est-ce qui lui succéda ?*

Nicéphore-Phocas, qui fut un Prince vaillant, & qui reprit plusieurs villes, entr'autres *Antioche*, que les Sarrasins avoient enlevée à l'Empire Romain. Il mourut l'an 969, par la perfidie de l'Impératrice *Théophanon* son épouse, & d'un de ses Officiers, nommé *Jean Zimiscès*, qui lui succéda. Celui-ci ne régna que six ans, ayant été empoisonné par un de ses Chambellans, nommé *Basile*, l'an de N. S. 975.

718. *Qui est-ce qui régna après lui ?*

Il y eut deux Empereurs qui régnerent ensemble; *Basile* & *Constantin*. Ils étoient fils de *Romain*, duquel nous avons parlé ci-dessus, *Jean Zimiscès* les avoit associés à l'Empire. Ils moururent l'un & l'autre dans l'onzième siecle.

719. *Dites-moi quelque chose des Rois de France?*

Charles-le-Simple régnoit au commencement de ce siecle : il fut obligé de céder aux Normands la Province de France, qui porte aujourd'hui leur nom. *Rollon*, Duc de Normandie, embrassa le Christianisme, & épousa *Gisele*, fille de *Charle-le-Simple*, l'an de N. S. 912. Ce Roi, après beaucoup de traverses, mourut l'an 929, ayant régné 25 ans. On ne compte point les six dernieres années de sa vie, parce qu'il fut déposé l'an 923 par *Rodolphe*, Duc de Bourgogne, qui usurpa la couronne.

720.

720. *Rodolphe régna-t-il long-temps ?*

Il régna jusqu'à l'an 936, & eut pour fucceffeur *Louis-d'Outre-mer*, fils de *Charles-le-*
Simple.

721. *Pourquoi lui a-t-on donné le furnom*
   d'Outre-mer ?

Parce qu'il s'étoit réfugié en Angleterre
après la prife & la dépofition de fon pere. A
la mort de *Rodolphe*, il fut rappelé. Il mourut l'an 954, & eut pour fucceffeur *Lothaire*,
fon fils, qui mourut l'an 986, laiffant le
Royaume à fon fils *Louis*, lequel décéda fant
lignée en 987. C'eft le dernier Roi en France
de la race de *Charlemagne*.

722. *A qui paffa alors la couronne de France ?*

A *Hugues Capet*, qui, du confentement des
Grands du Royaume, commença à régner l'an
987, & mourut l'an 997, laiffant le Royaume
à *Robert*, fon fils.

723. *Finiffons ce fiecle par les Empereurs d'Al-*
   lemagne. Qui fut le fucceffeur d'Othon-le-
   Grand ?

Othon II, fon fils, qui, étant paffé en Italie
pour défendre la Calabre & la Pouille contre
les Grecs qui vouloient s'en emparer, aidés
des Sarrafins; & ayant été défait, il mourut de
chagrin à Rome fur la fin de l'an 983.

724. *Qui eft-ce qui lui fuccéda ?*

Othon III, fon fils, qui commença à régner
l'an 984, & mourut au commencement du
onzieme fiecle.

725. *Quel fut l'état des Pays-Bas pendant le*
   cours de ce fiecle ?

Les Comtes de Hollande & de Zélande y
eurent la principale autorité.

726. *Combien y a-t-il eu de Maifons de ces Comtes ?*

G

Cinq : l'ancienne, appelée la *Maison* de *Hollande*, celle de *Hainaut*, celle de *Baviere*, celle de *Bourgogne* & celle d'*Autriche*.

727. *Combien de Comtes a produits l'ancienne. Maison de Hollande ?*

Dix-sept ; savoir : *Thierri I, Thierri II, Arnoût, Thierri III, Thierri IV, Florent I, Thierri V, Florent II, Thierri VI, Florent III, Thierri VII, Ada, Guillaume I, Florent IV, Guillaume II, Florent V, Jean I* (15). Ils furent presque tous en guerre avec les Evê- que d'*Utrecht* & les *Frisons.*

S I E C L E XI.

728. *QUE raconte-t-on de remarquable de l'Empereur Othon III ?*

Il n'étoit encore qu'un enfant, lorsqu'il commença à régner l'an 984. Il mourut l'an 1002 empoisonné, à ce qu'on dit, par sa se- conde femme, de laquelle il avoit fait mourir le mari pour l'épouser.

729. *Comment s'appeloit sa premiere femme ?*

Elle s'appeloit *Marie*, & étoit fille du Roi d'Arragon. l'Empereur la fit brûler toute vive à Modene pour un crime atroce, dont elle fut convaincue. *Othon* n'eut point d'enfants du premier ni du second lit.

730. *Qui est-ce qui lui succéda ?*

Henri de *Baviere*, surnommé *le Boiteux.*

---

(51) Voyez l'*Histoire de la Patrie*, & l'*Abrégé* de cette *Histoire par Demandes & Réponses.*

L'Eglife Romaine l'a mis au nombre de fes Saints, auffi-bien que l'Impératrice *Cunegonde*, fon époufe. Il mourut l'an 1024, & fut enterré à Bamberg, où l'on montre encore aujourd'hui fon tombeau & celui de *Cunegonde*.

731. *A qui échut l'Empire après Henri II ?*

A *Conrad*, furnommé *le Salique*. De fon temps, *Robert*, fils de *Hugues-Capet*, régnoit en France, *Ferdinant I* en Efpagne, & *Étienne*, dont nous avons déja parlé, régnoit en Hongrie. Ce dernier mourut vers l'an 1038.

732. *Combien d'années régna l'Empereur Conrad?*

Il régna quinze ans. L'an 1039, fon fils *Henri III* lui fuccéda. Celui-ci mourut l'an 1056, & eut pour fucceffeur *Henri IV*, fon fils.

733. *Quel étoit alors l'état de l'Eglife ?*

Les Evêques de Rome, abufant de la nonchalance des Empereurs & de l'ignorance des peuples, commencerent à s'ériger en Primats & Monarques de toute la Chrétienpté. Anerès avoir réuffi pour le fpirituel, ils eurent l'audace de vouloir étendre leur tyrannie fur le temporel des Empereurs & des Rois.

734. *Quels Papes occupoient alors le Siege de Rome ?*

Grégoire VII eft le plus fameux. Il fut élu Pape l'an 1073. Avant fon élection, il avoît porté le nom de *Hildebrand*. Ce Pape, qui étoit de baffe naiffance, fut un homme furieux, & fi attaché à fes prétentions chimériques, qu'il mit tout en œuvre pour les foutenir.

735. *Quels furent fes premiers décrets ?*

L'an 1074, il défendit le mariage aux Eccléfiaftiques; & quoiq'uil trouvât au commencement des difficultés, il en vint à-peu-près à bout. Ses fucceffeurs acheverent ce qui reftoit à faire à cet égard.

736. *Que faisoit pendant ce temps-là l'Empe-*
reur Henri IV ?

Connoissant le naturel brouillon & ambitieux du Pape, il se ménageoit avec lui. Cependant il ne put pas éviter d'en venir à une
rupture manifeste.

737. *Comment cela arriva t-il ?*

Les Empereurs avoient joui jusqu'alors du
droit d'investiture, c'est-à-dire, de mettre les
Ecclesiastiques en possession de leurs dignités :
Grégoire, qui vouloit être le maître en tout,
entreprit de priver l'Empereur de ce droit. Ne
l'ayant pas trouvé aussi docile qu'il vouloit,
il l'excommunia, le déclara déchu de l'Empire, & ses sujets absous de leur serment de
fidélité.

738. *Quelles furent les suites de cet attentat ?*

Le Pape ayant suborné plusieurs personnes
en Allemagne, leur fit élire pour Empereur,
Rodolphe, Duc de Souabe, qui prit les armes
contre son Souverain. Il eut même quelques
avantages contre lui ; mais enfin, il fut défait
dans une bataille, où il eut la main coupée,
& mourut peu après.

739. *Reconnut-il son crime ?*

Oui ; un peu avant que de mourir à Mar-
sebourg, où il s'étoit retiré après sa défaite,
il se tourna vers les Evêques qui l'avoient suborné, & leur montrant sa main séparée de
son corps : » Voilà la main qui avoit juré ser-
» ment de fidélité à l'Empereur mon Souve-
» rain. Regardez-la bien, & voyez où m'ont
» conduit vos mauvais conseils ».

740. *Cela ne fit il point d'impression sur le cœur*
du Pape ?

Au contraire, il ne fut que plus animé contre l'Empereur, qu'il excommunia de nouveau, exhortant tous ses sujets à se soulever contre lui.

741. *Quel parti prit alors l'Empereur ?*

Il fit la guerre au Pape, & après l'avoir assiégé dans le château St. Ange, il l'obligea de s'enfuir à Salerne, où il mourut de déplaisir. Nous verrons la suite de l'Histoire de *Henri IV*, dans le onzieme siecle.

742. *Revenons à l'Empire d'Orient. Qui est-ce qui y régnoit alors ?*

Les deux freres *Basile* & *Constantin*, fils de *Romain*. *Basile* se rendit maître de la Bulgarie, & se fit Moine après cette expédition. Il mourut l'an 1025, & son frere *Constantin*, Prince de peu de mérite, mourut l'an 1028.

743. *Qui eurent-ils pour successeur ?*

Romain-Argyre, qui avoit épousé *Zoé*, fille de *Constantin*. Cette méchante Princesse le fit assassiner l'an 1034, par *Michel-Paphlagonien*, qu'elle épousa ensuite, l'ayant élevé à l'Empire.

744. *En jouit-il long-temps ?*

Il n'en jouit que sept ans, pendant lesquels il eut toujours la conscience bourrelée des remords de son crime. Enfin, pour se mettre l'esprit en repos, il se retira dans un Monastere, afin d'y pleurer son péché. Il y mourut peu après, l'an 1041.

745. *Que devint après cela l'Impératrice Zoé ?*

Elle épousa *Constantin-Monomaque*, sous lequel l'empire fit de grandes pertes, & commença considérablement à s'affoiblir de toutes parts. Les Normands se rendirent maîtres de la Pouille, & les Turcs devinrent formidables en Orient. Cet Empereur mourut l'an 1054.

746. *Qui est-ce qui lui succéda ?*

Michel-Stratiotique, qui avoit épousé *Théo-*

dore, sœur de *Zoé*. Les Grands de Constantinople l'ayant jugé indigne de l'Empire, élurent
en sa place, *Isaac-Commene*, l'an 1057. Il ne
régna que deux ans, au bout desquels il se
retira dans un Monastere, ayant nommé *Constantin-Ducas*, pour son successeur l'an 1059.

747. *Quel étoit le caractere de cet Empereur?*

C'étoit un homme de bien & équitable,
mais d'une génie fort médiocre. Sous son regne, l'Empire continua de s'affoiblir par les
conquêtes des Turcs & des Sarrasins. Il mourut
l'an 1067, & laissa trois fils, *Michel*, *Andronic*
& *Constantin*, surnommé *Porphyrogenete*.

748. *Qui est-ce qui régna après lui?*

Diogene, qui épousa sa veuve *Eudoxie*. Ce
Prince étoit vaillant; mais il eut le malheur
d'être fait prisonnier par les Turcs dans une
bataille.

749. *Quelles furent les suites de cet accident?*

Les Grecs enfermerent *Eudoxie* dans un Monastere, & élurent pour Empereur *Michel*,
fils de *Constantin-Ducas*. *Diogene* ayant été re-
lâché de sa prison, revint à Constantinople;
mais *Michel* lui fit crever les yeux, & le relégua dans une isle, où il mourut peu après.
Cela arriva l'an 1071.

750. *Quel fut le sort de Michel?*

Michel, surnommé *Parapinacius*, fut un
Prince sans mérite. Les Turcs faisant tous les
jours de plus grands progrès, auxquels il étoit
incapable de s'opposer, on l'enferma dans un
Monastere, & on élut à sa place, *Nicéphore-
Botaniate*, l'an 1078. Il régna jusqu'en 1081,
& fut aussi renfermé dans un Monastere.

751. *Qui est-ce qui occupa sa place?*

Alexis-Commene, Prince habile, qui rétablit un peu l'Empire d'Orient. La vie de cet Empereur a été écrite en Grec avec beaucoup d'élégance, par *Anne*, sa fille, Princesse d'un fort grand mérite. Nous parlerons encore d'*A-lexis-Commene* dans le siecle suivant.

752. *Qui est-ce qui régnoit alors en France ?*

Robert fils de *Hugues-Capet*, qui mourut l'an 1033. Il eut pour successeur *Henri I*, son fils, qui mourut l'an 1060. A celui-ci succéda *Philippe I*, qui a vécu jusques dans le XII⁰. siecle.

753. *N'est-il point arrivé de grandes révolutions dans le onzieme siecle ?*

Il y en a eu deux considérables ; la conquête de l'Angleterre par *Guillaume* le Bâtard, Duc de Normandie, & la prise de Jérusalem par les Croisés, conduits par *Godefroi de Bouillon*.

754. *En quelle année arriva la conquête d'Angleterre ?*

L'an 1066. Les Rois Anglo-Saxons avoient joui paisiblement de cette Isle, jusqu'à ce qu'une armée de Danois étant passée en Angleterre, s'en empara. *Edouard*, le dernier Roi légitime des Anglois, nomma pour son successeur *Guillaume*, Duc de Normandie, qui vint avec une grosse armée de Normands & de François, prendre possession de son héritage. Il livra bataille à *Harald*, qui s'étoit emparé du royaume, le vainquit & le tua, s'assurant par-là, la couronne à lui & sa postérité.

755. *Racontez-moi présentement la conquête de Jérusalem ?*

Cette ville depuis le VII⁰. siecle, avoit été soumise aux Mahométans. Le Pape *Urbain II* fit prêcher une Croisade contre eux dans tous les Royaumes de la Chretienneté. Plusieurs grands

Seigneurs prirent la croix, & ayant levé une armée de 260,000 hommes, en France, en Allemagne, &c., ils paſſerent, l'an 1096, dans la Paleſtine, où ils n'arriverent que l'an 1099. Les Chrétiens prirent Jéruſalem cette année-là; & l'ayant érigée en Royaume, ils nommerent *Godefroi de Bouillon* pour le premier Roi de Jéruſalem & de la Paleſtine (52.).

756. *Godefroi fut-il couronné?*

Il ne le voulut pas être. Lorſqu'on lui apporta une couronne d'or, pour la lui mettre ſur la tête, il la refuſa, & dit : » A Dieu ne » plaiſe que je paroiſſe couronné d'or dans un » lieu où Jeſus-Chriſt mon maître a porté une » couronne d'épines. »

SIECLE XII.

757. *Q*UELLE *fut la fin du regne de l'Empereur Henri IV?*

Le Pape *Paſcal II* l'excommunia de nouveau l'an 1102, & porta ſon fils, qui fut depuis l'Empereur *Henri V*, à déclarer la guerre à ſon pere, qu'il vainquit & dépouilla de l'Empire l'an 1106.

758. *Que devint après cela Henri IV?*

Il mourut à Liege en priſon, la cinquante-

***

(52) Quoiqu'on ne faſſe pas grand cas des ouvrages du P. *Maimbourg*, ſon *Hiſtoire de Croiſades* eſt pourtant recherchée. On a une Hiſtoire des Croiſades en Allemand, par *Muyer*, qui mériteroit d'être traduite en François.

quatrieme année de son Empire, & son fils *Henri V* lui succéda l'an 1108.

759. *Quel fut le sort de cet Empereur ?*

Il fut aussi inquété par les Papes, & même excommunié par *Pascal II :* enfin, s'étant accordé avec le Siege de Rome, il mourut sans lignée à Utrecht, après avoir régné 19 ans, l'an 1125.

760. *Qu'arriva t-il de remarquable dans l'Empire du temps de Henri ?*

Othon, Evêque de *Bamberg*, convertit au Christianisme les Poméraniens, qui avoient été Païens jusqu'alors.

761. *Les Chrétiens possédoient-ils encore le Royaume de Jérusalem ?*

Oui ; ils le possédérent pendant quatre-vingt-huit ans, au bout desquels il fut reconquis par *Saladin. Godefroi de Bouillon* mourut l'an 1100, & eut son frere *Baudouin* pour successeur.

762. *Qui est-ce qui régnoit alors en France ?*

Philippe I étant mort, *Louis VI*, surnommé *le Gros*, lui succéda l'an 1108, & par son décès en 1137, laissa la couronne à *Louis VII*, dit *le Jeune.*

763. *Qui succéda à l'Empereur Henri VI ?*

Lothaire II, Duc de *Saxe*. Ce fut un Prince pieux & équitable. Il régna depuis l'an 1124 jusqu'à l'an 1137.

764. *A qui échut ensuite l'Empire ?*

A *Conrad III*, Duc de *Souabe*, fils d'une sœur de *Henri V*. Il commença à régner l'an 1139, & mourut à *Bamberg*, l'an 1152, dans la quatorzieme année de son regne.

765. *En quel état se trouvoit alors la Marche de Brandebourg ?*

L'an 1142, elle tomba en la puissance d'Albert *l'Ours*, Prince d'Anhalt, & c'est lui qu'on peut considérer comme le premier Marcgrave de la Marche, qu'il laissa à sa postérité, qui en a été en possession jusques bien avant dans le quatorzieme siecle.

766. *Dites-moi présentement quelque chose des Rois d'Angleterre ?*

Guillaume le Conquérant étant mort, il eut pour successeur *Guillaume II*, qui mourut sans lignée, & ensuite un autre de ses fils, nommé *Henri I*, dont la fille unique *Matilde* fut mariée en secondes noces à *Godefroi-Plantagenete*, Duc d'Anjou. De ce mariage naquit *Henri II*, qui fut Roi d'Angleterre l'an 1104, & qui épousa *Eléonore* (53), Duchesse de Guyenne, après que cette Princesse eut été répudiée par le Roi de France, *Louis* le Jeune.

767. *Qui fut le successeur de l'Empereur Conrad ?*

Frédéric Barbe-rousse, son neveu, un des plus grands Princes qui aient régné en Allemagne. Les Papes le tourmenterent comme ses prédécesseurs. Après une longue guerre, il fut obligé d'en venir à un accord onéreux l'an 1177. Une des conditions de cet accord portoit, qu'il iroit faire la guerre dans la Terre-Sainte.

768. *Y alla-t-il ?*

Oui; mais à son arrivée, l'an 1187, il apprit que Jérusalem avoit été prise par le fameux *Saladin*, Sultan d'Egypte. Cela ne l'empêcha pas de faire plusieurs belles actions dans ce pays-là, jusqu'à l'année 1190, qui fut celle de sa mort.

---

(53) On a un ouvrage de *Larrey*, intitulé : *L'Héritiere de Guyenne*, qui roule sur l'Histoire de cette Princesse.

769. *Comment mourut-il ?*

Se trouvant en Cilicie pendant les grandes chaleurs de l'été, il se baigna dans le fleuve *Cydnus*, qui coule près de la ville de Tarse. Le froid qu'il y prit, lui donna une fievre, dont il mourut dans la trente-huitieme année de son regne.

770. *Pourriez vous me nommer les Rois Chrétiens qui ont regné à Jérusalem depuis l'an 1099, jusqu'en l'an 1187 ?*

Les Voici : *Godefroi de Bouillon*, *Baudouin I*, *Baudouin II*, *Faulques-Baudouin III*, *Alméric-Baudouin IV*, *Baudouin V*, & *Gui de Lusignan*, pendant le regne duquel la ville fut prise par *Saladin*, & depuis ce temps-la elle a toujours été soumise aux Mahométans.

771. *Qui est-ce qui succéda à l'Empereur Frédéric-Barbe-rousse ?*

Henri VI son fils, qui parvint à l'Empire l'an 1191.

772. *Que dit-on de cet Empereur ?*

On en parle différemment ; mais on est d'accord que c'étoit un Prince d'un naturel féroce. Il mourut à Messine l'an 1199, & laissa de *Constance*, Reine de Sicile, son épouse, un fils qui parvint à l'Empire. C'est *Frédéric II*, qui ne fut pourtant pas son successeur immédiat ; comme nous le verrons dans le siecle suivant.

773. *Qui fut le successeur de Henri, Roi d'Angleterre ?*

Richard, surnommé *Cœur-de-Lion*. C'est lui qui, en revenant de la Palestine, fut arrêté par *Léopold*, Duc d'Autriche, des mains duquel il ne se tira qu'en payant une grosse rançon ; ce qui arriva l'an de N. S. 1194.

Nous parlerons dans l'autre siecle de *Jean-sans-Terre*, son frere & son successeur.

774. *Qui est-ce qui régnoit alors en France ?*

Louis le Jeune, qui mourut à Paris, l'an 1180, dans la quarante-quatrieme année de son regne. Il eut pour successeur, *Philippe*, son fils surnommé *Auguste*, qui est mort dans le douzieme siecle.

775. *Quel grand événement rapportez-vous encore à ce siecle ?*

La fondation de l'Empire des Tartares, par Genis-Kan.

776. *Il ne nous reste plus qu'à parler des Empereurs d'Orient. Alexis Commene a-t-il vecu fort avant dans ce siecle ?*

Il mourut l'an 1118, & son fils *Jean Commene*, surnommé *Calo Jean*, lui succéda. Ce fut un Prince vaillant. Il mourut d'une blessure qu'il s'étoit faite à la chasse, l'an 1143, dans la vingt-cinquieme année de son regne. Il eut pour successeur, *Manuel Commene*, son fils, Prince malheureux & sans honneur, qui, vers la fin de sa vie, songea à embrasser & à établir dans ses Etats la religion Mahométane.

777. *Quelle fut la fin de cet Empereur ?*

Il mourut l'an 1180, & eut pour successeur *Alexis*, son fils. Ce Prince, qui n'avoit que douze ans, épousa *Agnès*, fille de *Louis* le Jeune, Roi de France, qui n'étoit âgée que de huit ans.

778. *Le regne de ce Prince fut-il heureux ?*

Non ; il ne dura que trois ans. *Andronic Commene*, cousin-germain de son pere *Manuel*, s'empara de l'Empire, & fit cruellement mourir ce jeune Empereur, qui n'étoit âgé que de quinze ans. Outre cela, *Andronic* fit faire

main-basse sur tous les François qui se trouvoient à Constantinople, où ils étoient venus
à la suite de la jeune Impératrice *Agnès*. Cela
arriva l'an 1183.

779. *Andronic jouit-il long-temps du fruit de
son crime ?*

Au bout de deux ans, le peuple de Constantinople s'étant soulevé, il fut déchiré en
pieces, & périt ainsi misérablement.

780. *Qui-est ce qui fut Empereur après lui ?*

Alexis-Ange, qui régna neuf ans, & qui,
l'an 1195, fut détrôné par son propre frere,
Alexis-Ange, qui lui fit crever les yeux.

781. *Qu'arriva-t-il ensuite ?*

Alexis-Ange s'empara de l'Empire : mais il
survint des troubles qui causerent la ruine de
l'Empire de Constantinople, comme nous le
verrons dans le siecle suivant.

SIECLE XIII.

782. *En quel état étoit l'Empire d'Allemagne au commencement de ce siecle ?*

Après la mort de *Henri VI*, les Princes de
l'Empire furent partagés entre *Philippe*, fils
de *Fréderic Barbe-rousse*, & frere de *Henri VI*,
& *Othon*, Duc de Saxe.

783. *Qui est-ce qui l'emporta ?*

Philippe, qui avoit le meilleur droit, fit la
guerre à *Othon*. Mais enfin, ils convinrent que
la possession de l'Empire demeureroit, après
la mort de *Philippe*, à *Othon*, qui, jusqu'à
ce temps-là, ne prendroit ni le titre, ni n'exer-
ceroit les fonctions d'Empereur.

784. *Philippe vécut-il long-temps après cela ?*

Il fut tué l'an 1208 à *Bamberg*, par trahison, par un nommé *Othon-de-Witelsbach*. Alors *Othon*, Duc de Saxe, entra en possession de l'Empire.

785. *Qu'arriva-t-il de considérable sous le regne d'Othon ?*

L'an 1215, le Pape *Innocent III* tint à Rome un Concile, qu'on nomme le Concile de *Latran*. Ce fut là que, par ordre de ce Pontife, la Transubstantion fut mise au nombre des articles de foi de l'Eglise Romaine.

786. *Fut-ce là la seule plaie que l'Eglise reçut en ce temps-ci ?*

Elle en reçut encore une autre fort pernicieuse par l'établissement de deux Ordres de Moines mendiants, qui ont rempli le monde d'erreurs & de superstitions. Ce sont les Cordeliers & les Dominicains. Les premiers furent fondés par *François d'Assisse*, Italiens & les seconds par *Dominique*, Chanoine Espagnol.

787. *Comment régna l'Empereur Othon IV ?*

Il ne fut point heureux. Ayant déclaré la guerre aux François, il fut défait & mis en fuite à Bovines, par *Philippe-Auguste*, Roi de France, l'an 1214, & mourut de douleur abandonné de tout le monde, environ l'an 1216.

788. *Quel étoit alors l'état des affaires de Constantinople ?*

Alexis-Ange ayant usurpé l'Empire, un de ses neveux, nommé *Alexis* comme lui, se réfugia chez l'Empereur *Philippe*, qui avoit épousé une de ses sœurs, fille d'*Isaac Commene*.

789. *Qu'arriva-t-il de cela ?*

Philippe, n'étant pas en état de l'assister, le recommanda aux Vénitiens & aux François, qui avoient entrepris dans ce temps-là une Croisade pour la Terre-Sainte.

790. *Que firent ces Croisés en faveur d'Alexis?*

Ayant passé la mer, ils prirent Constantinople, l'an 1203, & ayant chassé *Alexis-Commene*, ils remirent sur le trône *Isaac-Ange*, & *Alexis* son fils.

791. *S'y maintinrent-ils?*

Non : le pere & le fils s'étant brouillés, un nommé *Alexis Musufle* s'empara de l'Empire, après leur avoir ôté la vie. Cet attentat rappela les Croisés, qui firent mourir *Mursufle*, & pillerent Constantinople, où ils établirent pour Empereur, *Baudouin*, Comte de Flandre, un des chefs de cette expédition. Cela arriva l'an de N. S. 1204.

792. *Quels autres grands événemens pouvez-vous rapporter au commencement de ce siecle?*

La venue des Tartares, sujets de *Gengis-Kan*, en Europe, où, après avoir soumis presque toute l'Asie, ils conquirent en peu de temps la Russie, la Hongrie, la Silésie, & divers autres Pays. Il n'y a jamais rien eu d'egal à la rapidité de leurs conquêtes, qui ne furent arrêtées en Europe, que par la mort de *Gengis-Kan*, arrivée l'an 1226.

793. *Qui est-ce qui régnoit alors en France?*

Philippe-Auguste, qui mourut l'an 1218. Il eut pour successeur son fils *Louis VIII*, qui mourut l'an 1226. *Louis XI*, dit autrement, *St. Louis*, succéda la même année à son pere, n'étant alors âgé que de 12 ans.

794. *Qui fut le successeur de l'Empereur Othon IV?*

Frédéric II, fils de *Henri VI* & de *Constance*, Reine de Sicile. Ce fut un Prince d'un mérite singulier, mais qui ne régna pas heureusement.

Ce fut de son temps que l'Italie se divisa en deux factions, celle des *Guelfes*, & celle des *Gibelins*. Les premiers tenoient pour les Papes, & les seconds pour les Empereurs.

795. *Quel fut le sort de Frédéric II?*

Après une vie pleine de traverses, il mourut dans la Pouille, l'an 1260, âgé de 57 ans, dans la 33me. année de son regne.

796. *Qui eut-il pour successeur?*

Conrad IV, son fils, qui fut empoisonné l'an 1254, par *Manfred* ou *Mainfroi*, son frere bâtard.

797. *N'y avoit-il point alors d'autre Empereur?*

Guillaume II, Comte de Hollande, avoit été élu après la mort de *Frédéric II*; mais il ne porta ce nom que jusqu'en 1256, ayant été tué dans une guerre contre les Frisons.

798 *Que devint après cela l'Empire?*

Il y eut des troubles; & une espece d'interregne: les élections furent partagées. Les uns défererent l'Empire à *Alphonse*, Roi de Castille, qui l'accepta, mais ne vint point en Allemagne pour en prendre possession; les autres élurent *Richard*, Duc de Cornouaille, frere du Roi d'Angleterre. Celui-ci vint à Aix, où il fut couronné: mais il ne sut pas se conserver l'amitié des Princes de l'Empire, & ne fut point considéré. Il mourut l'an 1271.

799. *Que devinrent les successeurs de l'Empereur Frédéric II?*

Mainfroi, son fils bâtard, régnoit à Naples & en Sicile, l'an 1261. Le Pape *Urbain IV.* donna ces Royaumes à *Charles* d'Anjou, frere de *Louis IX*, Roi de France. Ce Prince passa en Italie, livra bataille à *Mainfroi*, & le vainquit. Ainsi *Charles* acquit la possession de ces deux Royaumes, & *Mainfroi* perit dans la bataille.

800. *Charles d'Anjou n'eut-il point d'autres guer-*
res à essuyer?

Conradin, fils de Conrad IV, vint en Italie pour se mettre en possession de l'héritage de ses peres. Il donna bataille à Charles d'Anjou, la perdit, & fut mis en fuite. Ayant été pris en fuyant, & conduit à Charles, celui-ci, par un attentat horrible, lui fit couper la tête par le bourreau, l'an 1266.

801. *Qui fut l'instigateur de cette action?*

Clément IV, Pape, successeur d'Urbain, sachant que Conradin étoit tombé entre les mains de Charles d'Anjou, il lui écrivit : *La vie de Conradin est la mort de Charles, & la mort de Conradin est la vie de Charles.*

802. *Louis IX, Roi de France, vivoit-il encore?*

Oui : il ne mourut que l'an 1270, à Tunis, où il étoit allé faire la guerre, s'étant croisé contre les Mahométans. Il avoit déja fait une autre expédition, où ayant été fait prisonnier, il n'avoit pu se délivrer qu'en payant une grosse rançon.

CINQUIEME PÉRIODE.

Depuis l'élection de Rodolphe, Comte de Hapsbourg, jusqu'à Fréderic I, Electeur de Brandebourg (54) ; 144 ans.

803. C**OMMENT** finirent les troubles & l'in-
terregne dans l'Empire?

---

(54) Nous pourrions indiquer divers ouvrages sur l'Histoire de Brandebourg, si le dernier qui a paru

Ils finirent par l'élection de *Rodolphe de Hapf-bourg*, premier Empereur de la Maison d'Au-triche. Il commença à régner l'an 1273. Ce fut un Prince vertueux, auquel tous les Historiens ont donné des louanges.

804. *Quels furent ses principaux exploits ?*

Il défit *Ottoacre*, Roi de Bohême. Ce Prince fut tué dans la bataille, par le gain de laquelle *Rodolphe* se rendit maître de toute l'Autriche.

805. *Qui est-ce qui régnoit alors en France ?*

Philippe-le-Hardi, qui, dès l'an 1270, avoit succédé à *Louis IX.*, son pere. Il mourut à Perpignan, l'an 1285, & eut pour successeur, *Philippe-le-Bel*, son fils.

806. *Quels Rois régnerent alors en Angleterre ?*

Jean Sans-Terre, qui perdit la Normandie, l'an 1204. Il eut pour successeur, *Henri III*, son fils, auquel succéda *Edouard I.*

807. *En quelle année mourut l'Empereur Rodol-phe ?*

Il mourut l'an 1201, & eut pour successeur, *Adolphe*, Comte de Nassau.

808. *Adolphe fut-il paisible possesseur de l'Empire ?*

Non : il se fit haïr par sa cruauté. *Albert* d'Au-triche, fils de *Rodolphe*, lui déclara la guerre, & le fit périr dans un combat donné près de la ville de *Worms*, l'an 1298. *Albert* régna en sa place.

809. *Les Tartares continuoient-ils à se rendre formidables ?*

Ils faisoient toujours des progrès en Asie, où ils s'étoient rendus fort puissants. Ils conquirent

---

n'avoit effacé tous les autres. Ce sont les *Mémoires pour servir à l'Histoire de Brandebourg*, dont on a diverses Editions.

même l'Empire de la Chine, l'an 1258. *Haula-cou-Kan*, petit-fils de *Gengis-Kan*, se rendit maître de la ville de *Bagdad*, sur le Tigre, où les Califes faisoient leur résidence. Il fit mourir *Moustasem Billah*, le dernier de ces Califes.

810. *Qui est-ce qui régnoit alors à Constantinople?*

Cette ville ayant été prise, comme nous l'avons dit, *Baudouin*, Comte de Flandres, y régna, & porta le nom d'Empereur d'Orient. La seconde année de son regne, il fut vaincu & fait prisonnier par *Jean*, Roi de Bulgarie, qui le fit mourir. Son frere *Henri* lui succéda l'an 1206, & régna dix ans. Il eut pour successeur *Pierre d'Auxerre*, qui avoit épousé sa sœur. A celui-ci succéda *Robert*, son fils; ensuite *Baudouin*, frere de *Robert*, sous le regne duquel, l'an 1261, les Grecs reprirent Constantinople, commandés par *Michel Paléologue*, qu'ils avoient élu Empereur.

811. *Michel Paléologue se maintint-il à Constantinople?*

Oui; il régna jusqu'en l'an 1282, & eut pour successeur son fils *Andronic Paléologue*, qui mourut dans le XIVme. siecle.

812. *En quel état se trouvoient les affaires de Charles d'Anjou, Roi de Naples & de Sicile?*

Il se maintint dans le Royaume de Naples; mais la Sicile lui fut enlevée l'an 1282, par *Pierre*, Roi d'Arragon, qui avoit épousé *Constance*, fille de *Mainfroi*, bâtard de *Frédéric II.*

813. *Comment cela arriva-t-il?*

Le Roi d'Arragon gagna un Seigneur Sicilien, nommé *Jean de Procida*, qui fit secretement soulever toute la Sicile, & massacrer tous les François qui étoient dans cette Isle, sans exception de sexe ni d'âge. Cela arriva le

Dimanche de Pâques de l'an 1282. Comme le premier coup de vêpres étoit le signal de l'exécution dans toute l'Isle, on a appelé ce massacre, *les Vêpres Siciliennes.*

814. *Est-il fait mention de la ville d'Amsterdam dans ce siecle ?*

Oui. En 1275, *Florent V*, Comte de Hollande, lui accorda la franchise des péages, pour la dédommager de quelques pertes que les Hollandois lui avoient causées.

815. *La premiere Maison des Comtes de Hollande ne s'éteignit-elle pas peu après?*

En 1299, par la mort du Comte *Jean I*, la Maison de *Hainaut* lui succéda & fournit quatre Comtes : *Jean II*, *Guillaume III*, *Guillaume IV*, & *Marguerite.*

S I E C L E XIV.

816. *QUEL événement remarquable arriva en ce temps, & sous le regne d'Albert d'Autriche?*
C'est le soulevement des Suisses contre cet Empereur, leur Souverain. Les Cantons d'Uri, de Schwitz & d'Underwalden, furent les premiers, qui, en 1303, rejetterent le joug, & prirent les armes.

817. *Qui étoient les principaux chefs de cette conspiration ?*
Trois particuliers, *Walther-Fürst* d'Uri, *Werner de Stauffach* de Schwitz, & *Arnold de Melchthal* de Underwalden, qui conduisirent cette révolution. La premiere victoire qu'ils remporterent à Morgate, dans le canton de

Schwitz, donna à leur confédération le nom qu'elle porte encore aujourd'hui (55).

818. *Pour quelles raisons se révolterent-ils ?*

La dureté & la tyrannie du Gouvernement des Baillifs impériaux, devinrent insupportables aux trois cantons. Ils condamnoient les habitants à la prison pour la plus légere faute ; exigeoient sans miséricorde les deniers qu'on devoit payer à l'Empereur : se rendoient sourds aux plaintes du peuple. Le Baillif *Gesner* fit même dresser à Altorf, un chapeau sur une perche, auquel on devoit rendre les mêmes honneurs qu'à sa personne. *Guillaume Tell* fut le premier qui refusa de rendre au chapeau les honneurs prescrits : il fut condamné à abattre une pomme d'une certaine distance, avec une fleche, de dessus la tête de son fils unique.

819. *Albert régna-t-il long-temps ?*

Il régna jusqu'à l'an 1308 : cette année, qui étoit la dixieme de son regne, il fut tué par *Jean d'Autriche*, son neveu, fils de son propre frere.

820. *Qui est-ce qui lui succéda ?*

Henri de Luxembourg, Prince sage & magnanime ; l'Histoire en parle sous le nom de *Henri VII*. Il fut couronné à Rome l'an 1312. Dans le temps qu'il se disposoit à passer à Naples pour faire la guerre à *Robert* d'Anjou, fils de *Charles II*, il fut empoisonné par un Moine Dominicain, dans le pain de l'Eucharistie, & mourut auprès de Sienne l'an 1313.

---

(55) Sur l'Histoire de la Suisse, on peut lire : Watteville, Histoire de la Confédération Helvétique, 2 vol. 8vo. Mémoires sur la Suisse, par de Bochat, in 4to. Histoire de la Suisse, par Scharner, in 8vo. Müllers, *Geschichte der Schweitzer*, in 8vo. 1784.

821. *Qui eut-il pour successeur?*

Louis, Duc de Baviere, duquel nous parlerons plus bas.

822. *Quel étoit alors l'état de l'Eglise?*

Les Papes ne travailloient qu'à l'accroissement de leur autorité, & à la corruption des dogmes de la Religion. *Boniface VIII*, qui étoit un très-méchant homme, établit le Jubilé l'an 1300 de N. S.

823. *Quelles furent les autres actions de ce Pape?*

Sous de faux prétextes que lui suggéroit son ambition, il excommunia *Philippe-le-Bel*, Roi de France. Mais ce Prince, ayant envoyé des troupes en Italie contre lui, le fit prisonnier à *Anagnie*, & de-là il fut conduit à Rome, où il mourut de rage & de désespoir. Les Historiens de ce temps-là disent que *Boniface* entra dans le Pontificat comme un renard, qu'il régna comme un lion, & qu'il mourut comme un chien. Sa mort arriva l'an 1303.

824. *Qu'est-ce qui arriva ensuite?*

Benoit XI, lui succéda, qui déclara nulle l'excommunication de *Philippe-le-Bel*.

825. *Que fit encore ce Pape de remarquable?*

Il abolit l'ordre des *Templiers*. C'étoit un ordre de Chevalerie, qui avoit été établi dans le douzieme siecle, pour faire la guerre contre les Infideles.

826. *Comment cet Ordre fut-il détruit?*

Ces Chevaliers étoient extrêmement riches, & possédoient plusieurs Maisons ou Couvents dans toute l'Europe. Le Pape *Clément V.* qui avoit succédé à *Benoit XII.* convint avec le Roi de France de les perdre, pour partager leurs biens. On les chargea d'accusations atroces; on brûla vif leur grand-Maître & les principaux de l'ordre, qui étoient tous gens de qualité, & on éteignit toutes leurs fondations en Europe.

827. *Qui est-ce qui succéda à Philippe-le-Bel?*

Louis Hutin, son fils, qui ne régna que seize mois. *Philippe-le-Long*, son frere, lui succéda en 1316, & mourut en 1322. Après lui vint *Charles-le-Bel*, son frere, qui mourut sans lignée l'an 1328.

828. *Qui est-ce qui régna après eux?*

Philippe de Valois, fils de *Charles de Valois*, frere de *Philippe-le-Bel*. Cette succession a causé de très-longues & de très-fâcheuses guerres en France.

829. *Comment cela?*

Edouard III. Roi d'Angleterre, qui étoit fils d'*Isabelle*, fille de *Philippe-le-Bel*, prétendoit que la couronne de France lui appartenoit. Les François lui opposoient la loi Salique, qui exclut les femmes du gouvernement. *Edouard*, n'admettant point cette raison, prit le titre de Roi de France, que ses successeurs ont retenu, & commença une guerre, où les François eurent beaucoup de désavantage.

830. *Revenons aux Empereurs. Qu'avez-vous à dire de Louis de Baviere?*

L'Empereur *Louis V.* fut élu l'an 1314, & mourut l'an 1347, ayant toujours été traversé par les Papes qui l'excommunierent, & le déposerent de la dignité Impériale, où il sut bien se tenir malgré eux.

831. *Qui fut son Successeur?*

Charles de Luxembourg, dit *Charles IV.* fils de *Jean*, Roi de Bohême. C'est lui qui a donné la Bulle d'or. Il régna jusqu'en 1378, & eut pour Successeur son fils *Wenceslas*, Roi de Bohême.

832. *En quel état se trouvoit alors la Marche de Brandebourg?*

Othon I. qui succéda à son pere *Albert l'Ours* lequel étoit mort l'an 1169, vécut jusqu'en 1198, & eut pour successeur *Othon II.* qui mourut l'an 1206. *Albert II.* son frere lui succéda. Il eut deux fils, *Jean* & *Othon III.* qui régnerent ensemble pendant quarante ans. *Jean II.* fils de *Jean I.* mourut en 1285. *Conrad* lui succéda, qui vécut jusqu'en 1304. Après lui vint *Jean III.* son fils, qui mourut l'année suivante 1305, & *Woldemar*, qui termina sa vie en 1319. *Henri Sans-Terre*, fils de celui-ci, occupa sa place, qu'il laissa par sa mort à *Woldemar II.* qui, aussi - bien que *Jean IV.* son successeur, décéda sans lignée. Tous ces Princes étoient de la Maison de Saxe.

833. *Que devint la Marche après cela?*

L'Empereur *Louis* de Baviere, la donna à *Louis* son fils, comme un fief dévolu à l'Empire.

834. *Cela ne souffrit-il point d'opposition?*

Les Princes de la Maison de Saxe & d'Anhalt, prétendirent que l'Electorat leur appartenoit, & ils produisirent un homme qu'ils disoient être *Woldemar II.* de retour d'un long pélerinage, qu'il avoit entrepris pour expier ses péchés, suivant la superstition de ces temps-là. Divers Auteurs prétendent que cet homme étoit un meûnier, appelé *Jean Reboek*, qui ressembloit à *Woldemar II.* Quoi qu'il en soit, les Princes d'Anhalt qui le soutenoient, furent obligés de se désister de leur entreprise, & l'Electorat demeura à la Maison de Baviere.

835. *L'Empereur Wenceslas régna-t-il heureusement?*

Non:

Non : c'étoit un Prince sans mérite. L'an 1400, qui étoit la vingt-deuxieme année de son regne, il fut déposé du commun consentement de tout l'Empire.

836. *Son regne n'est-il remarquable par aucun endroit ?*

Ce fut de son temps que la poudre à canon fut inventée par un Cordelier Allemand, nommé *Berthold Schwartz.* (56)

837. *En quelle année mourut Philippe de Valois, Roi de France ?*

Il mourut l'an 1350, & eut pour successeur *Jean*, son fils, qui fut défait par les Anglois, dans une bataille qu'il leur donna en Poitou l'an 1356. *Edouard*, Prince de Galles, qui commandoit les troupes Angloises, prit le Roi *Jean*, & le mena prisonnier en Angleterre, d'où il ne revint qu'après avoir payé une grosse rançon. Il mourut l'an 1364.

838. *Qui est-ce qui lui succéda ?*

Charles V. son fils, surnommé le *Sage*, qui mourut l'an 1380, & eut pour successeur *Charles VI.* son fils.

839. *Quelle étoit alors la situation de l'Empire de Constantinople ?*

Il étoit sur son déclin. *Andronic*, fils de *Michel Paléologue*, mourut l'an 1332. *Andronic* le jeune lui succéda, & mourut l'an 1341. Il laissa ses deux fils *Jean* & *Manuel*, sous la tutelle de *Jean Cantacuzene*, qui s'empara de l'Empire. Il en fut dépossédé seize ans après, & *Jean Paléologue* monta sur le trône, qu'il occupa jusqu'en 1384. *Manuel* lui succéda, & vécut dans le siecle suivant.

____

(56) Cette invention étoit déja connue avant Schwartz.

H

840. *En quel temps la Comté de Hollande passa-t-elle dans la Maison de Baviere?*

En 1355.

841. *Combien y a-t-il eu de Comtes de cette Maison?*

Quatre : *Guillaume V. Albert, Guillaume VI.* & *Jacqueline.*

842. *Leur gouvernement fut-il tranquille?*

Nullement : ces contrées furent continuellement en proie aux troubles causés par deux factions connues sous les noms de *Hoeksche* & de *Cabbeljauwsche*, dont l'acharnement a duré près de 150 ans. La Gueldre étoit dans ce temp-là aussi divisée en deux factions, qui se faisoient la guerre de la même façon.

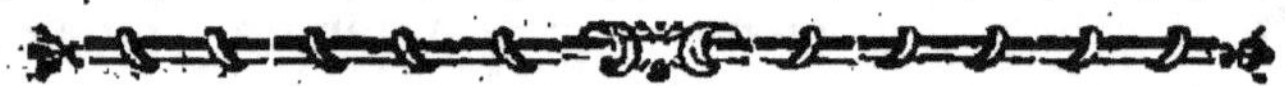

S I E C L E XV.

843. *L'EMPEREUR de Baviere régna-t-il long-temps?*

Il régna dix ans, & mourut l'an 1410 à Oppenheim, d'où son corps fut porté à Heidelberg.

844. *Qui eut-il pour Successeur?*

Sigismond, fils de *Charles IV.* & frere de *Wenceslas.*

845. *Fut-ce un Empereur estimable?*

Il a été loué de tous les Historiens, quoique ses vertus civiles n'aient pas été accompagnées des qualités qui font le guerrier.

846. *N'est-ce pas vers ce temps-ci que les Turcs ont commencé à faire parler d'eux en Europe?*

Le véritable commencement de l'Empire des

Turcs se rapporte à *Ottoman* (57) qui régnoit vers l'an 1301. Il eut pour successeur
Orchan, son fils, environ l'an 1327. *Amurat I.*
fils d'*Orchan*, lui succéda l'an 1358. Ce fut
ce Prince qui entra le premier en Europe,
où il se rendit maître de la ville d'Andrinople, l'an 1363.

847. *Qui est-ce qui lui succéda ?*

Bajazet I. son fils, l'an 1389. Ce fut lui
qui, l'an 1398, fut défait dans une bataille,
& pris prisonnier par *Tamerlan*, Prince Tartare, un des plus grands conquérans qui aient
jamais été sur la terre.

848. *Bajazet mourut-il dans sa captivité ?*

Oui ; il mourut l'an 1402 dans une cage de
fer, où *Tamerlan* le retenoit prisonnier. *Tamerlan* lui-même, mourut peu après.

849. *Reste-t-il au monde des Princes de la postérité de Tamerlan ?*

Ses descendants ont régné quelque temps à
Samarcande, dans le pays qu'on appelle des
Tartares Usbecks. Mais le plus grand éclat de
la race de *Tamerlan*, s'est conservé jusqu'à
présent dans l'Indostan, en la personne des
Grands Mogols, qui tirent leur origine de ce
conquérant Tartare, & ne font pas grande
figure de nos jours.

---

(57) Il y a une *Histoire de l'Empire Ottoman*, par
Ricault. Celle qu'a donné le Prince *Cantimir* est plus
étendue. On a encore *les Mœurs & les Usages des Turcs*,
& d'autres ouvrages instructifs.

SIXIEME PÉRIODE.

Depuis Frédéric I. Electeur de Brandebourg, jusqu'à la Paix de Teschen, conclue le 13 Mai 1779, 362 ans.

850. *En quel état se trouvoient alors les affaires de l'Empire & de l'Eglise?*

Tout étoit en désordre, par l'ignorance & par l'ambition des Ecclésiastiques. Il y eut en ce temps-là jusqu'à trois Papes à la fois, qui s'entr'excommunioient les uns les autres, & qui, soutenus par des Princes de leur parti, mettoient tous les Etats de l'Europe dans des inquiétudes, & des dissentions affreuses.

851. *Quel reméde apporta-t-on à cela?*

L'Empereur *Sigismond*, du consentement des autres Princes, fit assembler à Constance un Concile (58), où les deux Papes, qui restoient alors en vie, furent déposés. Ils se nommoient *Benoît XII.* & *Jean XXIII.* Le Concile nomma en leur place le Cardinal *Odon Colonne*, qui prit le nom de *Martin V.* Cela arriva en 1417.

852. *Ne fut-ce pas dans ce Concile que Jean Hus & Jérôme de Prague furent condamnés à mort?*

Oui. *Jean Hus* & *Jérôme* son disciple, avoient écrit & prêché contre les abus les plus criants

____

(58) On puisera une idée fort juste de tous ces événements dans les Histoires que *Lenfant* a données des Conciles de Constance, de Pise & de Bâle.

de l'Eglise Romaine. L'Empereur leur accorda
un sauf-conduit pour se rendre à Constance
où on les fit cruellement mourir contre la
foi publique. Cependant les sémences de leur
doctrine fructifierent en Bohême, & s'y sont
conservées jusques dans le dix-septieme siecle.

853. *Frédéric, Burgrave de Nuremberg, n'as-*
sista-t-il pas à ce Concile ?

Ce fut là que l'Empereur *Sigismond* l'inves-
tit solemnellement, le 18 Avril 1417, de
l'Electorat de Brandebourg, que sa postérité
a toujours conservé depuis.

854. *A qui appartenoit la Marche de Brande-*
bourg avant lui ?

Après la mort de l'Electeur, *Louis*, fils de
l'Empereur *Louis* de Baviere, un autre *Louis*,
surnommé *Romain*, parvint à l'Electorat, l'an
1351, par la cession volontaire de son frere.
Ce Prince, étant mort l'an 1366, un troisieme frere, nommé *Otton*, lui succéda. Cet
Otton céda l'Electorat à l'Empereur *Charles IV.*
& à *Wenceslas* son fils, l'an 1373. *Wenceslas*
& *Sigismond*, conserverent la Marche de Brandebourg jusqu'à l'investiture de *Frédéric*, Burgrave de Nuremberg.

855. *Frédéric I. se signala-t-il par de grandes*
actions ?

Ce fut un Prince également illustre par sa
valeur & par ses vertus. Il enleva la ville
d'*Angermunde* aux Ducs de Poméranie, qui
s'en étoient emparés injustement. Il fit la guerre
à *Louis* de Baviere avec un fort heureux succès, l'an 1424. Il se rendit encore maître de
la ville de *Prentzlau*, que les Ducs de Poméranie avoient usurpé sur l'Electorat de la
Marche. Il fit la guerre aux Hussites, qui se

rendoient alors formidables à tous leurs voisins.

856. *Cette guerre eût-elle un heureux succès?*

Les Huſſites firent de grands ravages dans la Marche de Brandebourg. *Frédéric* ne ſe trouva pas en état de les empêcher, étant alors occupé à faire la guerre à *Bernard*, Duc de Saxe Lauenbourg, qui étoit entré dans le *Prignitz*, où il avoit ravagé tout le pays.

857. *L'Electeur tira-t-il raiſon de cette injure?*

Il défit les troupes Saxonnes, les chaſſa de ſon pays, & ayant pris la ville & le château d'*Erdebourg*, qui appartenoit à ſon ennemi, il les raſa.

858. *Ce grand Prince eut-il poſtérité?*

Il eut quatre fils d'*Eliſabeth* de Baviere, *Jean*, *Frédéric*, *Albert*, & un autre *Frédéric*.

859. *Lequel de ces Princes fut ſon Succeſſeur?*

Frédéric, le ſecond de ſes fils. *Jean*, qui étoit l'aîné, aimant une vie tranquille, conſentit à la réquiſition de ſon pere, à céder tous ſes droits à ſon frere, en gardant pour ſa part de l'héritage, le *Voigtland*. *Albert* eut ce que l'Electeur poſſédoit en Franconie, & le jeune *Frédéric* eut une partie de la Marche.

860. *En quelle année mourut Frédéric II.?*

Il mourut au mois de Septembre l'an 1440, après un regne de 29 ans.

861 *Quel changement éprouverent les Pays-Bas vers ce temps-là?*

Jacqueline de Baviere, perdit le Comté de Hollande, qui paſſa dans la Maiſon de Bourgogne, en la perſonne du Duc *Philippe*, qui étoit déja Souverain de la plus grande partie de ces Provinces, du Brabant, de la Flandre, &c.

862. *Combien y a-t-il eu de Comtes de la Maison de Bourgogne?*

Trois : *Philippe I. Charles I. & Marie.*

863. *Qu'a-t-on de plus remarquable à rapporter du regne de la Princesse Marie?*

Ce sont les Priviléges qu'elle accorda au pays & aux villes, connus sous le nom de la *Grande-Chartre*, qui fut signée le 14 Mars 1477, qui portoit entr'autres : » Que *Marie* » ne se mariât que du consentement des Etats. » Que les emplois ne seroient donnés qu'aux » naturels du pays. Que les procès, dont le » jugement appartenoit aux Tribunaux des » villes, ne pourroient être portés à la Cour » de Justice à la Haye, que par voie d'appel. » Que les habitans ne pourroient être appelés » en Justice hors du pays. Que les Magistrats » seroient renouvelés sur l'ancien pied, &c. » Que les villes ne seroient point obligées de » contribuer aux pétitions auxquelles elles » n'auroient point consenti. Qu'aucune ordon- » nance, contraire aux Priviléges des villes, » ne pourroit obliger, &c. » C'est de ce temps qu'il faut dater ce qu'on nomme libertés & Priviléges des Pays-Bas.

864. *A qui cette Princesse fut-elle mariée?*

A *Maximilien*, Duc d'Autriche ; elle mou-rut en 1482 : son fils unique, *Philippe II.* lui succéda ; c'est par lui que la Souveraineté de ces Provinces passa à la Maison d'Autriche.

865. *L'Empereur Sigismond vivoit-il encore?*

Non ; il mourut sur la fin de 1437, âgé de soixante-dix ans. Son regne fut troublé par les guerres des Hussites, qui, ayant à leur tête un Gentilhomme Bohémien, nommé *Jean Ziska*, défirent plusieurs fois les armées

Impériales, & donnerent de la terreur à tous les Etats voifins. *Ziska* mourut l'an 1424, mais fon parti fe foutint vigoureufement après fa mort.

866. *A qui parvint la dignité Impériale, après la mort de Sigifmond ?*

Albert d'Autriche en fut revêtu. C'étoit un Prince fort vaillant. Il mourut la feconde année de fon regne, au mois de Novembre de l'an 1439. Son fucceffeur fut *Frédéric*, fils d'*Erneft*, Duc d'Autriche, qui régna depuis l'an 1493.

867. *Qui eft-ce qui régnoit alors en France ?*

Charles IV. qui, étant monté fur le trône en 1380, mourut en 1422 dans la quarante-deuxieme année de fon regne. Ce Prince, dont l'efprit étoit aliéné, fut prefque toujours fous la tutelle de fes oncles, *Jean*, Duc de Berry, & *Philippe*, Duc de Bourgogne, qui abuferent de leur autorité, & réduifirent le Royaume de France aux dernieres extrémités. *Henri de Lancaftre*, Roi d'Angleterre, profitant de ces défordres, & foutenu par les Ducs de Bourgogne, fe rendit maître de prefque tout le Royaume de France.

868. *Cela arriva-t-il pendant la vie de Charles VI. ?*

Henri V. fit paffer fes troupes en France dès l'an 1415, & époufa *Catherine*, fille de *Charles VI.* l'an 1418, fe portant hautement pour fucceffeur au trône, à l'exclufion de *Charles VII.* qui en étoit le légitime héritier. Ses efpérances furent trompées, parce qu'il mourut l'an 1422, la même année que *Charles VI.* fon beau-pere.

869. *Quelle fut l'iffue de ces troubles ?*

Charles VI. étant mort, le parti de *Charles VII.* le déclara Roi de France ; mais le parti Anglois & Bourguignon, qui étoit le plus fort, nomma *Henri VI.* fils de *Henri V.* qui n'étoit encore qu'un enfant. Les Anglois, toujours vainqueurs, avoient réduit *Charles VII.* aux dernieres extrémités, lorsqu'une fimple Bergere, appelée *Jeanne d'Arc*, & qu'on nomme ordinairement *la Pucelle d'Orléans*, vint s'offrir à *Charles VII.* & par des exploits héroïques, changea entierement la face des affaires. (60)

870. *Quelle fut la fin de cette Héroïne ?*

Les Anglois, l'ayant prife dans une rencontre, la firent brûler vive comme forciere, l'an 1431. Depuis ce temps là, leurs affaires prirent en France un fort mauvais train. Ils perdirent, l'an 1453, un Général illuftre par fà valeur & par fes vertus, nommé *Talbot*, & furent chafiés de Normandie & de Guyenne ; en forte qu'il ne leur refta en France que la ville de Calais, qu'ils ont confervée jufques bien avant dans le XVIme. fiecle.

871. *En quelle année mourut Charles VII. ?*

Il mourut l'an 1461, & eut fon fils *Louis XI.* pour fuccefleur.

872. *Revenons à la Marhce de Brandebourg. Qu'avez-vous à dire de l'Electeur Frédéric II. ?*

Ce Prince naquit à *Tangermunde*, l'an 1413 ; & n'étant encore que Prince Electoral, l'Empereur *Sigifmond* le fit Protecteur du Concile de Bâle, l'an 1432, quoiqu'il ne fût âgé que

---

(59) L'Abbé *Lenglet du Frefnoy* a donné une *Hiftoire de la Pucelle d'Orléans*.

H 5.

de vingt-deux ans. Il époufa, en 1441, *Catherine*, fille de *Frédéric*, Electeur de Saxe.

873. *Ce Prince n'a-t-il pas donné quelques preuves fignalées de fa grandeur d'ame ?*

Il en a donné en plufieurs occafions ; mais celles-ci méritent une attention particuliere. Par un principe d'équité, il refufa deux couronnes, celle de Pologne qu'on lui offrit, & celle de Bohême, donc le Pape vouloit dépouiller *George Podiebrad*, parce qu'il favorifoit le parti des Huffites.

874. *Frédéric II. ne fe fignala-t-il pas auffi à la guerre ?*

Il défit les Polonois, & les Pruffiens, qui avoient affiégé la ville de Francfort-fur-l'Oder. *George Podiebrad*, & *Louis*, Duc de Baviere, avoient entrepris de fe rendre maîtres de la Baffe-Luface ; mais il leur réfifta courageufement. Cette guerre finit en 1462, par un accord qui affura à l'Electeur la poffeffion de *Cotbus*, *Peitz*, *Teupitz* & *Beranwald*. Le refte de la Luface fut cédé à *George Podiebrad*.

875. *Sont-ce là toutes les guerres que cet Electeur eut à foutenir ?*

Il en fit une en Poméranie, prétendant que ce Duché lui appartenoit par la mort d'*Otton III.* en vertu d'une tranfaction à laquelle on ne pouvoit rien objecter. Quoique fon droit fût inconteftable, il confentit à un accommodement par la médiation de *Cafimir*, Roi de Pologne.

876. *En quelle année mourut-il ?*

L'an 1471, le 10 Février. Comme il n'avoit point d'enfants mâles, il céda l'Electorat un an avant fa mort à *Albert*, fon frere. Cette ceffion fe fit du confentement de l'Empereur.

877. *Henri VI. régna-t-il paisiblement en Angleterre ?*

Son regne fut long, mais il ne fut point heureux. Cependant c'étoit un Prince sage & vertueux. *Edouard*, Comte de la Marche, se révolta contre lui ; & l'ayant vaincu dans une bataille, il s'empara de la couronne, après l'avoir fait mourir. Cela arriva l'an 1461 ; *Henri VI.* avoit régné 39 ans & six mois.

878. *Combien dura le regne d'Edouard ?*

Il dura vingt-trois ans, & finit par sa mort en 1438. Après cette mort, *Richard*, Duc de *Glocester*, son frere, fit périr les Princes ses neveux, fils d'*Edouard*, & se mit sur le trône d'Angleterre. La troisieme année de son regne *Henri de Richemont*, fils de *Jean*, frere de *Henri IV.* lui déclara la guerre, le vainquit, & lui ôta la vie.

879. *Régna-t-il en sa place ?*

Oui. Ce fut un très − grand Prince. On le nomma le Salomon de la Grande-Brétagne. Il épousa *Elisabeth*, fille d'*Edouard IV.* & réunit par ce mariage, les deux Maisons de *Lancastre* & d'*Yorck*, qui avoient causé tous les désordres arrivés dans ce siecle. Il étoit de la Maison de *Lancastre*.

880. *Louis XI, Roi de France, régna-t-il long-temps ?*

Il régna depuis l'an 1461 jusqu'à l'an 1483. Ce fut un Prince cruel, soupçonneux & artificieux, qui n'aima personne, & q   généralement haï.

881. *Qui eut-il pour successeur ?*

Charles VIII, son fils, qui, ayant épousé *Anne*, Duchesse de Bretagne, unit à la France cette grande Province.

H 6

882. *Charles VIII fit-il quelque chose de mé-*
morable pendant son regne ?

Il passa l'an 1494 en Italie, & se rendit
maître du Royaume de Naples, qu'il ne put
conserver ; les Vénitiens s'étant ligués contre
lui avec l'Empereur, le Roi d'Espagne, & le
Pape *Alexandre VI*, un des plus méchans
hommes qui aient jamais été au monde. On
lui boucha les passages, lorsqu'il revenoit en
France ; mais il surmonta ces obstacles, &
rentra glorieusement dans ses Etats.

883. *Vecut-il long-temps apres cela ?*

Non : il mourut à Amboise en Touraine,
l'an 1498, dans la quinzieme année de son
regne. *Louis*, Duc d'Orléans, épousa *Anne*
de Bretagne, sa veuve, & lui succéda. Son
regne appartient au seizieme siecle.

884. *Retournons aux affaires d'Orient. En quel*
état se trouvoient-elles alors ?

La puissance des Turcs devenoit de plus en
plus formidable. Après la mort de *Bajazet*,
Soliman son fils lui succeda ; ensuite *Mahomet*
I, qui mourut l'an 1421. *Amurat II*, son fils,
auquel succéda, en 1451, son fils *Mahomet II*,
par lequel fut prise la ville de Constantinople.

885. *Quels sont les derniers Empereurs de*
Constantinople ?

Manuel Paléologue mourut l'an 1419. Après
lui vint *Jean* son fils, qui régna vingt-trois
ans, & eut pour successeur, en 1445, *Constantin*
VIII ; sous le regne duquel Constantinople
fut prise par *Mahomet II*, l'an de N. S. 1453.
Constantin aima mieux mourir les armes à la
main, que de se rendre prisonnier des Turcs.

886. *Mahomet II jouit-il long-temps du fruit*
de ses victoires ?

Oui : il vécut jusqu'à l'an 1481 , & laissa
l'Empire à *Bajazet*, son fils , qui mourut dans
le seizieme siecle.

887: *Albert*, *Electeur de Brandebourg* , *régna-
t-il long-temps ?*

Depuis l'an 1471 , jusqu'à l'an 1476.

888. *Par quel surnom est-il connu dans
l'Histoire ?*

Par celui d'*Achille*, qu'on lui a donné à
cause de sa valeur.

889. *Quelles guerres eut-il à soutenir ?*

Il commanda les troupes Auxiliaires de l'armée de l'Empereur *Albert* d'Autriche, qui
avoit déclaré la guerre aux Polonois. Il fit
aussi la guerre en Baviere avec un fort heureux succès. Mais celle où il se signala le plus,
fut la guerre qu'il fit à la ville de Nuremberg, dont les citoyens avoient brûlé *Winsbach*,
qui lui appartenoit.

890. *Fut-elle de longue durée ?*

Elle dura deux ans , pendant lesquels il y
eut neuf actions, dont huit furent à l'avantage
d'*Albert*, qui se trouva par-tout, & fit plusieurs actions héroïques.

891. *Soutint-il encore d'autres guerres ?*

Il en eut une en Poméranie pour le Duché
de Stettin , qu'il prétendoit lui appartenir:
Cette guerre finit par un accommodement,
en 1471. Quelques nouveaux différends étant
survenus , *Bogislas*, Duc de Poméranie ,
épousa *Marguerite*, fille de l'Electeur *Frédéric
II*, & consentit , en cas que les Ducs de Poméranie décédassent sans enfants mâles , que
cette Province appartînt à l'Electeur *Albert*,
ou à ses descendants.

892. *Albert n'alla-t-il plus à la guerre après cela ?*

Il eut le commandement en chef des armées
de l'Empereur *Fréderic III*, contre *Charles*, Duc
de Bourgogne, qui avoit assiégé la ville de
Neustadt, dans l'Electorat de Cologne.

893. *Où mourut-il ?*

A Francfort sur le Mein, lorsqu'il assistoit à
la Diete, où *Maximilien I* fut élu Empereur.

894. *Qui fut son successeur ?*

Jean son fils, surnommé *Cicéron*, à cause de
son éloquence. Il étoit né l'an 1455. Sa mere
s'appeloit *Marguerite*. C'étoit une Princesse de
la Maison de *Bade*.

895. *L'Electeur Jean ne se rendit-il recomman-*
dable que par son éloquence ?

Il fit aussi la guerre contre *Jean*, Duc de *Sagan*,
qui refusoit de céder à *Barbe*, sœur de l'Electeur,
le Duché de *Crossen*, qui lui avoit été légué par
Henri, Duc de *Glogow* & de *Crossen*, son époux.
Après une guerre de six ans, ce Duché fut cédé à la
Princesse, & il est demeuré depuis ce temps-là en
la puissance des Electeurs de Brandebourg.

896. *Ce Prince régna-t-il long-temps ?*

Il régna treize ans, & mourut l'an 1499,
âgé de quarante-quatre ans. Il étoit d'un em-
bonpoint excessif ; ce qui l'incommodoit extrêmement. Il employa divers remedes pour diminuer
la pesanteur de son corps ; mais aucun ne réussit.

897. *Qui est-ce qui lui succéda ?*

Joachim I, son fils, dont nous parlerons dans
le siecle suivant.

808. *Il ne vous reste plus qu'à parler des Em-*
pereurs d'Allemagne. Fréderic III régna-t-il
long-temps ?

Il mourut la cinquante-troisieme année de
son regne, l'an 1493, & eut pour successeur,
Maximilien I, son fils.

899. Quels événements mémorables rapporte-t-on au XVme. siecle ?

L'Imprimerie fut inventée environ l'an 1440 à Mayence, par *Jean Guttenberg & Schaffer.* L'Amérique fut découverte l'an 1492, par *Christophe Colomb,* Génois. Cette découverte se fit sous les auspices de *Ferdinand & d'Isabelle,* qui régnoient alors en Espagne, & qui, deux ans après, en 1494, prirent sur les Maures la ville de Grenade, la seule qui restât alors aux Mahométans en Espagne.

SIECLE XVI.

900. QUI gouvernoit au commencement de ce siecle les Pays-Bas ?

Ce furent les Comtes de Hollande, de la Maison d'Autriche.

901. Combien y a-t-il eu de Comtes de cette Maison ?

Trois, savoir : *Philippe II, Charles II & Philippe III.*

902. Qu'arriva-t-il de plus remarquable sous le regne de Philippe II ?

Sous son regne, les factions connues sous les noms de *Hoeksche* & de *Cabbeljaauwsche,* finirent ; après s'être battu pendant près de cent cinquante ans, pour des chimeres, ruiné leur patrie, & répandu avec acharnement le sang de leurs concitoyens. La Hoeksche eut enfin le dessous, & fut entiérement dispersée ; après le combat naval auprès de Brouwershaven ; le reste des fuyards favoriserent encore dans la Nord-Hollande, la sédition des *Gens de pain & de fromage.* Philippe II mourut le 25 Septembre 1506.

903. *Qui lui succéda ?*

Son fils aîné *Charles II*, connu sous les noms de *Charles I*, Roi d'Espagne, & de *Charles-Quint*, Empereur Romain.

904. *Par où s'est-il rendu odieux dans les Pays-Bas ?*

Parce qu'il voulut y établir l'Inquisition, & par les placards qu'il fit faire contre ce qu'on appeloit *Hérésie*. Ce fut ainsi qu'on appela, dans ce temps-là, la doctrine des Réformateurs. Nous parlerons plus bas de sa résignation de l'Empire, du Royaume d'Espagne & de sa mort.

905. *Qui monta après lui sur le trône d'Espagne ?*

Ce fut *Philippe troisieme* de ce nom, des Comtes de Hollande, & le *second* du même nom des Rois d'Espagne. C'est sous lui qu'ont commencé les révolutions & les guerres, par lesquelles s'est fondé l'établissement de la République des Provinces Unies, dont nous parlerons dans la suite.

906. *Dans quel état étoit en ce temps-là la République de Venise ?*

Elle étoit dans un état très-florissant & au plus haut degré de sa grandeur, par son industrie & par son commerce, qu'elle faisoit alors seule en Europe ; ses forces s'étoient accreues à un tel point, que ses voisins & une partie de l'Europe en étoient jaloux. Le Pape *Jules II*, l'Empereur *Maximilien*, le Roi de France, le Roi d'Espagne, &c. se liguerent contre elle à Cambray, le 10 Décembre 1508 (60). Aujourd'hui, une seule de ces grandes Puissances seroit plus que suffisante pour écraser cette République ; quoiqu'elle possede aujourd'hui à très-peu de chose près, les mêmes

---

(60) Voyez l'*Histoire de la Ligue de Cambray*, in-4°.

terres qu'elle possédoit alors. Depuis ce temps, elle est dans un état tranquille & languissant.

907. *Combien de temps a régné l'Empereur Maximilien ?*

Vingt – cinq ans & cinq mois. Il mourut en 1519, dans sa soixantieme année.

908. *Qui fut son successeur ?*

Charles V, Roi d'Espagne, comme nous l'avons dit, son petit–fils.

909 *Comment étoit-il son petit-fils ?*

Maximilien avoit épousé, l'an 1477, *Marie*, fille & héritiere du dernier Duc de Bourgogne de la Maison de France. Il en eut un fils, appelé *Philippe*, qui se maria avec *Jeanne*, fille de *Ferdinand*, Roi d'Arragon, & d'*Isabelle*, Reine de Castille & de Léon. De ce mariage naquit *Charles V*.

910. *Qu'arriva-t-il de considérable en Allemagne sous le regne de ces Empereurs ?*

On ne peut faire mention d'aucun événement qui soit plus célebre que la Réformation de *Martin Luther*, qui s'opposa courageusement aux abus de l'Eglise Romaine, & principalement aux Indulgences, que *Léon X* faisoit vendre publiquement par toutes les villes de l'Europe, surtout en Allemagne (61).

911. *Qu'avez-vous présentement à rapporter au sujet de Joachim I, Electeur de Brandebourg ?*

Ce fut un Prince vertueux & savant. Il fonda, l'an 1506, à Francfort sur l'Oder, une fameuse

---

(61) On a l'Histoire de la Réformation de France ; par *T. de Beze* ; d'Allemagne, par *Sleidan* ; d'Angleterre, par *Burnet* ; de Suisse, par *Ruchat* ; des Pays-Bas par *Brand*, &c.

Univerſité. Son épouſe étoit *Eliſabeth*, fillè unique de *Jean*, Roi de Danemarck.

912. *Contribua-t-il en quelque choſe à l'agran-
grandiſſement de ſes Etats ?*

Il acquit le Comté de *Ruppin*, dévolu aux
Etats de la Marche, par la mort de *Wichman*,
Comte de *Lindau*, qui en étoit poſſeſſeur.

913. *Joachim I vécut-il long-temps ?*

Il vécu cinquante-un ans, & mourut le 11
Juillet 1535. Il fut toujours fort attaché au parti
du Pape.

914. *Qui eſt-ce qui régnoit alors en France ?*

Louis XII, qui mourut l'an 1515, n'ayant
laiſſé que deux filles. Il eut pour ſucceſſeur,
François de Valois, Comte *d'Angoulême*, connu
ſous le nom de *François I.* Celui-ci avoit épouſé
Claude, fille aînée de *Louis XII*, & d'*Anne* de
Bretagne ; l'autre fille, nommée *Rénée*, fut
mariée en Italie, au Duc de *Ferrare*. Cette
Princeſſe mourut à *Montargis*, faiſant profeſſion de la religion Réformée.

915. *Ce Prince régna-t-il heureuſement ?*

Il avoit été compétiteur de l'Empereur *Charles
V*, à l'Empire ; preſque tout ſon regne ne fut
qu'une ſuite de guerres contre cet Empereur.
En 1525, il fut défait à Pavie par l'armée
Impériale, & mené priſonnier à Madrid, d'où
il ne ſortit qu'après lui avoir promis de payer
une groſſe rançon.

916. *L'Empereur Charles V fut donc un Prince
extrêmement heureux ?*

Sa grande puiſſance le rendoit formidable à
toute l'Europe. En 1527, ſes troupes prirent
& ſaccagerent la ville de Rome, où elles tinrent long-temps aſſiégé dans le Château St. Ange,
le Pape Clément VII, de la Maiſon de *Médicis*,

qui fut obligé d'accepter des conditions fort
dures, & de se soumettre à l'Empereur.

917. *La réformation de l'Eglise faisoit-elle de
grands progrès ?*

Nonobstant les persécutions de l'Empereur,
du Pape & du Roi de France, elle ne laissoit
pas de s'étendre par-tout. Elle fut introduite
dans le Brandebourg par l'Electeur Joachim II,
& en Angleterre plusieurs personnes l'embrasserent secretement

918. *Qui est-ce qui régnoit alors en Angleterre ?*

Henri VIII, qui succéda en 1509 à *Henri
VII*, son pere, mort à l'âge de cinquante-deux
ans, après en avoir régné vingt-quatre.

919. *Quel étoit le caractere de Henri VIII ?*

On ne sauroit se dispenser de le mettre au
nombre des mauvais Princes. Ses voluptés, ses
divorces & ses cruautés ont déshonoré sa mémoire. Pour répudier *Catherine*, tante de l'Empereur *Charles V*, & épouser *Anne de Boulen*,
il se déclara Chef de l'Eglise Anglicane, &
renonça à toute Communion avec le Pape,
sans pourtant cesser de persécuter les Protestants, qu'il faisoit cruellement mourir.

920. *Regna-t-il long-temps ?*

Il mourut l'an 1547, âgé de cinquante-six
ans, après avoir régné trente-huit ans.

921. *Laissa-t-il des enfants ?*

Il laissa un fils & deux filles. *Edouard*, qui
fut son successeur, étoit fils d'une de ses femmes, appelée *Jeanne Seymour*. *Marie* étoit fille de
Catherine, tante de *Charles V*, & *Elisabeth* avoit
eu pour mere *Anne de Boulen*. Ces deux Princesse
furent l'une après l'autre Reines d'Angleterre.

922. *Edouard régna-t-il long-temps ?*

Il ne régna que six ans, & mourut l'an 1553;

âgé de seize ans. Sous son regne, la Réformation s'établit en Angleterre, & y jeta de profondes racines.

923. *Parlons présentement de Joachim II. Qu'avez-vous à dire de ce grand Prince ?*

Il parvint à l'Electorat l'an 1535. C'étoit un Prince sage, vaillant & vertueux. Il fut marié deux fois, premiérement avec *Magdelaine*, fille de *George*, Duc de Saxe ; ensuite avec *Hedwige*, fille de *Sigismond*, Roi de Pologne.

924. *Quelles furent ses principales actions ?*

L'an 1539, il introduisit dans ses Etats la Réformation. Sa mere *Elisabeth* de Danemarck l'avoit secretement instruit des principes de la Religion Protestante.

925. *Ne se signala-t il point à la guerre ?*

Comme il avoit fait connoître sa valeur en diverses occasions, il fut élu, du consentement de l'Empereur & des Etats de l'Empire, Général de l'armée Impériale contre les Infideles en Hongrie.

926. *Cette expédition eut-elle un bon succés ?*

Non : on le laissa manquer de tout secours d'argent & de troupes. Cependant il ne laissa pas de donner de la terreur aux Infideles, & de les empêcher d'entrer dans les Etats de l'Empire.

927. *Fit-il quelques acquisitions ?*

Il obtint le titre de Duc de *Crossen*, & le droit de succession au Duché de Prusse. On assure qu'il avoit un talent particulier pour prédire l'avenir.

928. *En quel année mourut-il ?*

En 1571, âgé de soixante-six ans. Son fils *Jean-George* lui succéda.

929. *Revenons à l'Empereur Charles V. Posséda-t-il long-temps l'Empire ?*

Il le résigna volontairement entre les mains

des Electeurs, l'an 1556, & *Ferdinand*, son frere, fut élu Empereur à sa place.

930. *Conserva-t-il le Royaume d'Espagne?*

Non; il le résigna pareillement à *Philippe II*, son fils. Les *Pays Bas* furent compris dans cette résignation qui se fit à Gand. *Charles* se retira après cela dans un Monastere de l'Estramadure, appellé *St. Just*, où il mourut deux ans après, en 1558 (62).

931. *François I, Roi de France, vivoit-il encore?*

Il étoit mort l'an 1547, & avoit laissé le Royaume à son fils *Henri II*, qui avoit épousé *Catherine* de Médicis, niece du Pape *Clément VII*. Ce Prince persécuta cruellement les Réformés dans tout son Royaume.

932. *Régna-t-il long-temps?*

Il ne régna que treize ans, & mourut âgé de quarante-un ans, l'an 1559.

933. *De quelle mort mourut-il?*

Dans un tournoi qu'il célébroit à Paris, il força le Comte de *Montgommeri* à courir une lance contre lui. La lance du Comte s'étant brisée contre les armes du Roi, il en reçut dans l'œil un éclat, dont la blessure fut mortelle. Il vécut encore dix jours, & mourut ensuite après avoir souffert de cruelles douleurs.

934. *Qui fut son successeur?*

François II, l'aîné de ses fils; qui ne régna qu'un an & trois mois. Il mourut âgé de dix-huit ans, l'an 1560. Il avoit épousé *Marie*

---

(62) *Leti* a écrit la vie de plusieurs grands Princes de ce temps-là, de *Charles V*, de *Philippe II*, d'*Elisabeth*, Reine d'Angleterre, &c. Ses Histoires sont plus amusantes qu'exactes.

Stuart, héritiere du royaume d'Ecoſſe. C'eſt la même qu'*Eliſabeth*, Reine d'Angleterre, fit mourir en priſon, l'an 1587.

935. *Qui eſt-ce qui monta ſur le trône de France après François II ?*

Charles IX, qui n'étoit âgé que de dix ans. Il fut élevé ſous la tutelle de ſa mere *Catherine de Médicis*, qui étoit une très-méchante femme, & qui lui inſpira une haine mortelle contre la Religion Réformée.

936. *Cette haine produiſit-elle de mauvais effets ?*

Charles, étant parvenu à un âge plus avancé, fit une paix ſimulée avec les Huguenots, & donna ſa ſœur *Marguerite* en mariage à *Henri*, Roi de Navarre, qui fut depuis Roi de France. Cette paix & ce mariage n'étoient qu'un pré-texte pour attirer la Nobleſſe du parti & les principaux Chefs à Paris, & les faire périr.

937. *Cela réüſſit-il ?*

Oui : peu de jours après les noces, le 14 Août de l'an 1572, le Roi fit donner un ſignal, & l'on maſſacra cruellement tous les Réformés qui ſe trouverent à Paris. La meilleure Nobleſſe du Royaume périt dans cette boucherie. On laiſſa la vie au Roi de Navarre & au Prince, après les avoir obligés à ſe faire Catholiques.

938. *Ce maſſacre eut-il d'autres ſuites ?*

Le Pape en fit à Rome de grandes réjouiſſances, ſur-tout après qu'il eut appris que cette ſanglante exécution s'étoit étendue par tout le Royaume de France. Cependant le parti des Réformés reprit les armes, & ne laiſſa pas de ſe ſoutenir.

939. *Charles IX. vécut-il long-temps aqrès cela ?*

Il mourut âgé de vingt-quatre ans, l'an 1574, répandant, à ce qu'on dit, le ſang par tous les pores de ſon corps. Il eut pour ſucceſſeur *Henri*

III, fon frere, qui, l'année précédente 1573, avoit été élu Roi de Pologne, & fe trouvoit alors dans ce Royaume.

940. *Comment le quitta-t-il ?*

Il fe fauva clandeftinement de Pologne, & revint en France, où il fut reconnu pour Roi. Son regne fut malheureux, & fa fin tragique.

941. *Racontez-moi ces événements en peu de mots ?*

Les Princes de la Maifon de Guife s'étoient infinués, fous prétexte de Religion, dans l'affection du peuple, & cherchoient à détrôner le Roi. Celui-ci convoqua les Etats à Blois, l'an 1589, & y fit tuer *Henri*, Duc de Guife, & le Cardinal de Lorraine, fon frere. Alors toute la France fe fouleva contre lui, & le Pape l'excommunia.

942. *Qu'arriva-t-il enfuite ?*

Henri III fut obligé d'avoir recours aux Réformés, qui, fous le commandement de *Henri*, Roi de Navarre, vinrent à fon fecours. Le Roi de France s'étant avancé jufqu'à St. Cloud, pour réduire la ville de Paris, un malheureux Moine Jacobin, nommé *Jacques Clément*, le blaffa mortellement d'un coup de couteau dans le bas-ventre, l'an 1589, lorfqu'il n'étoit âgé que de trente-huit ans.

943. *Qui eft-ce qui lui fuccéda ?*

Henri, Roi de Navarre, fous le nom de *Henri IV*. Des quatre fils que *Henri II* avoit laiffé en mourant, il n'en refta aucun, ni aucune lignée, au bout de trente ans. On peut regarder cela comme une jufte punition des cruelles perfécutions qu'ils avoient faites aux réformés.

944. *Qui eft-ce qui régna en Angleterre après Edouard VI ?*

Marie, fa fœur, qui avoit époufé *Philippe II*,

Roi d'Espagne. Elle entreprit de rétablir le Papisme, & commit pour cela des cruautés inouies. Elle ne régna que cinq ans, & mourut âgée de quarante-deux ans, l'an 1558.

945. *Qui est-ce qui lui succéda ?*

Elisabeth, sa sœur, qui rétablit la religion Réformée. C'est une des plus illustres Princesses qui aient jamais régné. Elle mourut au commencement du dix-septieme siecle, après un regne également long & glorieux.

746. *L'Empereur Ferdinand I, régna-t-il heureusement ?*

Ce fut un Prince recommandable par ses vertus & par sa piété. Il n'étoit point ennemi des Protestants. Il régna depuis l'an 1556 jusqu'en 1564, & mourut âgé de 61 ans.

747. *Qu'est-il arrivé de mémorable pendant son regne ?*

La conclusion du Concile de Trente, l'an 1563 (63). Les Princes Catholiques joints aux Papes, avoient fait assembler ce Concile pour mettre fin à tous les différends de Religion. Mais les intrigues des Papes firent que ce Concile, au-lieu de calmer les troubles, ne servit qu'à les augmenter.

948. *Qui fut le successeur de Ferdinand ?*

Maximilien II, son fils. C'étoit un excellent Empereur, fort favorable aux Protestants, & fort équitable envers tout le monde. Il mourut âgé de cinquante-neuf ans, l'an 1576, après un regne de douze ans.

---

(63) On a l'Histoire de ce Concile, par *Fra-Paolo*, dont le P. *le Courayer* a donné une excellence traduction, 3 vol. in-4to.

949.

949. *A qui laiffa-t-il l'Empire ?*

A *Rodolphe II*, fon fils qui eft mort dans le dix-feptieme fiecle.

950. *Qu'eft ce qui donna occafion à la révolution qui affranchit dans ce fiecle les Provinces-Unies de la domination Efpagnole ?*

Charles-Quint céda, en 1555, à fon fils *Philippe II*, les Pays-Bas, & l'année fuivante l'Efpagne. La conduite dure & tyrannique de *Philippe*, qui voulut violer les privileges des Pays-Bas, dont il avoit juré le maintien.

951. *Par où commença-t-il à montrer fes intentions ?*

Par le renouvellement des placards de *Charles-Quint* contre ce qu'on appeloit alors Héréfie, c'eft-à-dire, la doctrine des Réformés.

952. *Qu'eft-ce qui indifpofa le plus la Nobleffe des Pays-Bas contre le Gouvernement Efpagnol ?*

La conduite du Cardinal *de Granvelle* qui avoit toute la confiance de *Marguerite de Parme*, Gouvernante de cet Etat.

953. *Quelles mefures prirent les Nobles ?*

Ils formerent une confédération, & préfenterent, en 1566, une requête pour la confervation de leurs privileges, & l'abolition de l'Inquifition.

954. *Quel nom donna-t-on à cette confédération ?*

Celui de *Gueux*, ou de *Mendiants*.

955. *A qui Philippe confia-t-il le foin de pacifier ces différends ?*

Au Duc d'*Albe*, le plus cruel des hommes, qui établit un Confeil, qui fut bientôt appelé le *Confeil de fang*, parce qu'il en fit verfer des torrents.

956. *Qui etoient les chefs des mécontents ?*

Le Prince d'*Orange*, les Comtes d'*Egmont* & de *Hoorn*.

957. *Quel fut le fort de ces deux Comtes ?*

I

Ils furent décapités à *Bruxelles*, le 3 Juin
1568. Le Prince d'*Orange* & les autres Seigneurs du même parti, furent bannis, & leurs
biens confisqués.

958. *Quelles furent les suites de ces excès?*

Le Prince d'*Orange* leva des troupes, & soutint une guerre, qui dura jusqu'au traité de
de pacification conclu à *Gand*, le 8 Novembre
1576. En même-temps il institua l'Académie
de Leyde, qui fut consacrée le 9 Février 1575;
& dix ans après celle de Franeker, qui fut
consacrée le 29 Juillet 1585.

959. *Quel a été le principal fondement de la
République des Provinces-Unies?*

Le traité d'*Union*, conclu à *Utrecht*, le 23
Janvier 1579.

960. *Les États de ces Provinces firent-ils quelque démarche encore plus formelle pour assurer
leur liberté?*

Oui; le 27 Juillet 1581, ils déclarerent le
Roi *Philippe* déchu de la souveraineté, & dé-
gagerent tous les habitants de ces Provinces du
serment de fidélité qu'ils lui avoient fait.

961. *La Joie de ces succès ne fut-elle pas troublée?*

Extrêmement, par l'assassinat du Prince d'Orange, qui fut tué à *Delft* le 10 Juillet 1584, par
Balthasar Gérard, Bourguignon de naissance.

962. *Dans quel état étoient les affaires des Con-
fédérés après la mort du Prince?*

Les Espagnols prirent Bruxelles, Anvers, &
s'assurerent en même-temps de Zutphen, Nimegue, Dœsbourg & d'autres villes de Gueldres;
ce qui força les Etats d'offrir la souveraineté
à la France, qui la refusa. Ensuite on fit le
même offre à *Elisabeth*, Reine d'Angleterre,
qui la refusa aussi, mais qui envoya un certain

secours de troupes. Pour l'assurance du paiement, on fut obligé de lui remettre en gage, la Brille & Flessingue.

963. *Qui avoit le commendement de ces troupes auxiliaires ?*

Ce fut le Comte de *Leicester*, qui fut déclaré, peu après son arrivée, Gouverneur-Général des Provinces-Unies, & le Prince *Maurice* Stadhouder; en cette qualité, il étoit sous l'autorité du Comte de *Leicester*.

964. *Quelle fut la conduite du Comte à l'égard du Gouvernement ?*

Il employa des moyens si violents pour étendre son autorité, qu'il se rendit odieux aux Etats de Hollande, aux Magistrats des villes & aux marchands. Il laissoit faire aux Ministres & à la populace tout ce qu'ils trouvoient bon. Il avoit même formé le projet d'arrêter le Prince *Maurice*, l'Avocat de Hollande, *Jean d'Oldenbarneveld*, & d'autres personnes, tellement qu'on avoit à craindre de tomber d'une tyrannie dans une autre. Mais il se désista du Gouvernement, & partit pour l'Angleterre en 1587.

965. *Quel succès eurent les armes de l'Etat sous la conduite du Prince Maurice ?*

Le succès fut grand : Breda, Zutphen, Nimegue, Steenwyk, Cœwerden, Geertruidenberg, Groningue, &c. furent prises depuis 1590, jusqu'en 1594. En 1596, les Etats conclurent un Traité avec la France & l'Angleterre, que l'on regarde comme le premier acte public, par lequel leur indépendance a été reconnue, & qui fut suivi de la trève de douze ans.

966. *Revenons à l'Electeur George, fils & successeur de Joachim II ?*

Sa mere s'appeloit *Magdelaine*, fille de *George*,

Duc de Saxe. Il eut trois femmes, *Sophie*, de la Maison des Ducs de *Lignitz* ; *Sabine*, fille du Marcgrave *George d'Anspach*, & *Elisabeth*, fille de *Joachim Ernest*, Prince d'Anhalt.

967. *Quel étoit son caractere ?*

Ce fut un Prince doux, poli, judicieux, & fort attaché à la Religion. Quoique dans sa jeunesse il eût donné des marques de valeur, il s'attacha à faire fleurir la paix dans ses Etats, & mena une vie douce, n'ayant presque jamais été malade.

968. *Fit-il quelques acquisitions ?*

Il joignit la Nouvelle-Marche à ses autres Etats, & obtint de l'Empereur un droit héréditaire sur les domaines de *Beeskau* & de *Storckau*.

969. *Qui fut son successeur ?*

Joachim-Frédéric, qu'il avoit eu de sa premiere femme. Nous en parlerons dans le siecle suivant.

970. *Pourriez-vous me dire les noms des Empereurs Turcs, qui ont régné dans celui-ci ?*

Bajazet II, depuis 1581 jusqu'en 1512. *Selim*, depuis 1512 jusqu'en 1520. *Soliman II*, un des plus grands Princes qu'aient eu les Turcs. Il se rendit maître de presque toute la Hongrie, de l'Isle de Rhodes (64), & l'an 1529 il assiégea Vienne, mais il ne put s'en rendre maître. Il mourut l'an 1566, âgé de soixante-dix ans, après un regne de quarante-six ans.

671. *Qui fut son successeur ?*

Selim II, son fils, qui, pendant le cours des années 1571 & 1572, enleva l'Isle de Chypre aux Vénitiens, & fit diverses autres conquêtes.

---

(64) Lisez l'*Histoire des Chevaliers de Malthe*, par l'Abbé *de Vertot*, 5 vol. in 12.

Il mourut après un regne de huit ans, l'an 1574.
Amurat III lui succéda, qui régna vingt ans,
& mourut l'an 1595. Il eut pour successeur
Mahomet III, qui vécut jusqu'au siecle suivant.

SIECLE XVII.

972. *L'EMPEREUR Rodolphe régna-t-il
heureusement ?*

Il aimoit les Lettres & les Mathématiques ;
il protégea le célebre *Kepler*, & passa sa vie
dans le célibat. Il mourut à Prague, où il faisoit
sa résidence ordinaire, l'an 1612, après avoir
régné trente-cinq ans.

973. *Qui est-ce qui lui succéda ?*

Matthias, son frere, qui, dans sa jeunesse,
avoit été Gouverneur des Pays-Bas. Il fit sa résidence à Vienne, & mourut l'an 1619, après
un regne de sept ans. Son successeur fut *Ferdinand
II*, Archiduc d'Autriche, Prince qui haïssoit
mortellement les Protestants.

974. *Que produisit cette haine ?*

Une guerre très-longue & très-funeste, qu'on
appelle ordinairement la guerre de trente ans.
Elle commença par le Royaume de Bohême,
qui, en 1619, refusa de reconnoître *Ferdinand
II* pour Roi, & élut en sa place *Fréderic V*,
Electeur Palatin.

675. *Ce nouveau Roi put-il se soutenir ?*

Non : il fut couronné à Prague l'an 1620, &
la même année, ayant été défait par les troupes
Impériales, il fut obligé de prendre la fuite. Cette
révolution a été cause de la ruine de la religion

Proteſtante dans tout le Royaume de Bohême.

976. *Que devint après cela Fréderic V ?*

Il fut privé de l'Electorat, & ſe retira en Hollande. Il mourut douze ans après à Mayence, en 1632. Son épouſe, *Eliſabeth*, fille de *Jacques I*, Roi d'Angleterre, lui ſurvécut trente ans.

977. *Quel fut après cela le ſort des Etats Proteſtants de l'Empire ?*

C'en étoit fait de leur religion & de leur liberté, ſi *Guſtave-Adolphe*, Roi de Suede, n'étoit venu en Allemagne avec une armée qui s'oppoſa aux violences des Imperiaux, auxquels on n'étoit preſque plus en état de réſiſter. Ce grand Prince, après une ſuite glorieuſe d'exploits, fut tué dans une bataille qu'il donna à *Lutzen*, l'an 1632. Ses troupes remporterent cependant la victoire, & continuerent la guerre avec ſuccès après ſa mort (65).

978. *Ferdinand II vit-il la fin de cette guerre ?*

Non : il mourut avant la paix, en 1637, âgé de cinquante-neuf ans, la dix-huitieme année de ſon regne. Il eut pour ſucceſſeur *Ferdinand III*, ſon fils.

979. *Quel étoit l'état des Provinces-Unies au commencement de ce ſiecle ?*

Leurs armes éprouverent quelques déſavantages : & cela les engagea à conclure une trêve de douze ans avec l'Eſpagne, le 9 Avril 1609, à *Anvers*.

980. *Jouirent-elles alors de quelque repos ?*

---

(65) M. *Arkenholtz* a écrit ſon Hiſtoire, auſſi-bien que celle de ſa fille, ſon héritiere, la fameuſe Reine *Chriſtine*, qui a joué un rôle ſi ſingulier dans le monde, enſemble en 5. vol. in 4to.

Non : elles furent troublées au-dedans par
les difputes des *Gomariftes* & des *Arminiens*,
dans lefquelles la politique eut plus d'influence
que la religion (66).

981. *Quel moyen employa-t-on pour terminer*
ces différends ?

On tint un Synode à *Dordrecht*, dans lequel les remontrans furent condamnés, leurs
affemblées défendues, & leurs Miniftres bannis. Mais au bout de quelques années, on
leur rendit le libre exercice de leur religion.

982. *A qui ces troubles coûterent-ils la vie ?*

A *Barnevelt*, Avocat de Hollande, qui avoit
long-temps fervi fa patrie avec diftinction.

983. *Quand mourut le Prince Maurice ?*

En 1925, Le Stadhouderat paffa à fon frere
Fréderic-Henri, qui fit la guerre avec fuccès
par terre, tandis que de fon côté l'Amiral
Tromp battit la flotte Efpagnole aux Dunes,
le 21. Octobre 1632.

984. *Jufqu'où s'étendit la carriere de Fréderic-*
Henri ?

Jufqu'à l'année 1647. *Guillaume II*, fon fils,
Prince porté à la guerre, lui fuccéda.

985. *La guerre continua-t-elle en effet ?*

Non : elle fut terminée par le fameux
Traité, fi connu fous le nom de Paix de
Weftphalie, qui fut figné à Munfter le 24.
Octobre 1648 ; il fut donné & reçu en Europe comme une loi fondamentale & perpé-
tuelle ; elle a changé la face du droit public ;
il doit même fervir de bafe aux capitulations

---

(66) Voyez l'*Hiftoire de la Réformation des Pays-*
Bas, par *Brand*.

impériales. Par ce Traité, *Philippe IV* reconnut les États des sept Provinces-Unies pour des *États & pays libres & souverains* ; liberté qui fut le fruit d'une guerre de quatre-vingts ans (67).

986. *Que fit ensuite le Stadhouder ?*

Il cherchoit à rallumer la guerre, lorsque la petite-vérole l'emporta, en 1650.

987. *Laissa-t-il un successeur ?*

Un fils posthume, que deux Provinces reconnurent pour Stadhouder, tandis que les cinq autres demeurerent provisionnellement sans un semblable Chef.

988. *Pendant l'enfance de ce Prince, la Hollande eut-elle des guerres à soutenir ?*

Oui ; avec l'Angleterre du temps de *Cromwell* ; avec le Portugal, au sujet du Brésil ; de nouveau avec l'Angleterre sous *Charles II*, avec l'Evêque de *Munster*, & enfin avec la France, en 1672.

989. *Quel effet produisit cette derniere guerre ?*

L'élévation de *Guillaume III*, Prince d'Orange, au Stadhouderat, & à toutes les dignités que ses prédécesseurs avoient possédées, lesquelles, en 1674, furent déclarées héréditaires dans la ligne masculine.

990. *Cela n'eut-il pas d'autres suites ?*

Les freres de *Witt*, qui avoient eu la principale autorité dans l'État, furent d'abord indignement diffamés, & ensuite cruellement

---

(67) Voyez l'*Histoire de la Patrie*, *les Annales des Provinces-Unies*, par *Basnage*, & l'Histoire du Traité de Paix de Westphalie, par le P. Bougeant, 3 vol. in 4:o.

maſſacrés par la populace, au mois d'Août.
de la même année (68).

991. *Que fit Guillaume depuis ce temps-là ?*

Il fut continuellement occupé à la guerre
contre les François; & ayant épouſé *Marie*,
fille du Duc d'Yorck, en 1677, il détrôna,
en 1688, ſon beau-pere, devenu Roi d'Angleterre.

992. *Revenons à l'Hiſtoire de France. Henri.*
IV n'eut-il point de peine à parvenir à la
couronne ?

Preſque tout le parti des Catholiques Romains avoit fait une ligne (69) contre ſon
prédéceſſeur & contre lui. Les Proteſtants le
ſoutenoient, mais ils n'étoient pas les plus forts.
Henri IV ne put donc réſiſter à la tentation;
& pour monter ſur le trône, il embraſſa la
Religion Romaine; encore eut-il beaucoup de.
peine à obtenir du Pape ſon abſolution. Enfin,
après de longues contradictions, il ſe vit pai-
ſible poſſeſſeur du Royaume.

993. *Régna-t-il long-temps ?*

Depuis l'an 1589 juſqu'à l'an 1610, auquel
il mourut âgé de 56 ans.

994. *Comment mourut-il ?*

Il fut tué de deux coups de couteau à Paris
le 14 Mai, par un ſcélérat nommé *François*
Ravaillac. On ne ſauroit douter que ce coup
n'eût été ſuggéré par quelqu'un; mais l'on n'a
jamais vu bien clair dans ce myſtere d'iniquité.

---

(68) Voyez les *Annales des Provinces-Unies*, par
Baſnage, & *l'Hiſtoire de la Patrie.*

(69) C'eſt cette ligue qui fait le ſujet de la *Henriade*,
le meilleur Poëme épique qui exiſte en François.

995. *Qui est-ce qui lui succeda ?*

Louis XIII, son fils, qu'il avoit eut de *Ma-*rie de Médecis, qu'il avoit épousée après avoir répudié *Marguerite de Valois*, fille de *Henri II*. Le caractere foible de *Louis XIII*, qui se laissa gouverner toute sa vie, est assez connu. C'est cependant sous son regne que la France a jeté les fondements de grandeur à laquelle elle s'est élevée sous son successeur (70).

996. *A qui en a-t-elle été redevable ?*

A *Armand Du-Plessis*, Cardinal de Riche-lieu, l'un des plus habiles politiques qui aient jamais existé, & qui ne s'est pas rendu moins illustre par la protection qu'il accordoit aux Sciences & aux Belles-Lettres (71). C'est à lui que l'Académie Françoise doit son établissement (72.) Ce grand Ministre mourut à Paris âgé de 58 ans, le 4 Décembre 1642.

997. *La mort de Louis XIII suivit-elle de près la sienne ?*

Elle arriva le 4 Mai de l'année suivante. Ce Monarque étoit dans la 42. année de son âge, & avoit régné 33 ans.

998 *Qui est-ce qui lui succeda ?*

Louis XIV, surnommé *le Grand*, pendant sa vie. Ce regne a été le plus long dont l'His-

----

(70) L'Histoire de Louis XIII, par *Michel le Vassor*, est un des ouvrages les plus intéressants en son genre. Mais l'Histoire de France, par *Vely*, *Villaret* & *Garnier*, a fait oublier à-peu-près toutes les autres.

(71) *Jean le Clerc* a écrit sa vie. Le célebre *Voltaire* dit de lui : *Qu'il a fait tant de bien, qu'on n'en sauroit dire du mal; & qu'il a fait tant de mal, qu'on n'en sauroit dire du bien.*

(72) Voyez son Histoire, par *Pelisson* & d'*Olivet.*

toire faſſe mention. Il a été rempli de grands événements ; & il eſt en même-temps ſignalé par une foule de grands génies & de chef-d'œuvres en tout genre, qui doivent le faire regarder comme une des principales époques de l'Hiſtoire univerſelle. Nous n'entrerons dans aucun détail à cet égard, parce que les Hiſtoires de ce temps-à ſont entre les mains de tout le monde (73).

999. *En quelle année mourut Eliſabeth, Reine d'Angleterre ?*

Elle mourut l'an 1603, âgée de 70 ans, après avoir régné 44 ans.

1000. *Qui eſt-ce qui lui ſuccéda ?*

Jaques Stuart, Roi d'Ecoſſe, fils de *Marie*, à qui *Eliſabeth* avoit fait couper la tête.

1001. *D'où venoit ſon droit au Royaume d'Angleterre ?*

De *Marguerite*, ſon aïeule, fille de *Henri VII*.

1002. *Quel étoit le caractère de Jacques I ?*

C'étoit un prince ſavant, qui ſe mêloit de faire des Livres de Controverſe, mais qui n'étoit pas fort propre à gouverner un grand Royaume. Il abandonna l'Electeur Palatin, ſon gendre à ſes ennemis ; & on l'accuſa d'avoir été cauſe des malheurs qui ſont arrivés à *Charles I*, ſon fils & ſon ſucceſſeur, parce qu'il fit diſculper, autant qu'il put les Catholiques de la fameuſe Conſpiration des poudres, par laquelle on vouloit faire ſauter en l'air le Parlement & le Roi, le 5 Novembre 1605 ;

---

(73) On a des Hiſtoires de Louis XIV, par *Larrey*, par *Limiers* & par *Reboulet*, &c. Il faut ſur-tout lire le *ſiecle de Louis XIV*, par *Voltaire*.

mais il ne chercha jamais à disculper les Jé-
suites, parce qu'ils en avoient été juridique-
ment convaincus, comme les auteurs de ces
horreurs.

1003. *En quelle année mourut Jacques I ?*

Il mourut l'an 1626, âge de 59 ans. *Charles
I*, son successeur, régna 23 ans, & perdit la
tête sur un échafaud à Witehal, le 9 Février
1649, par un attentat de ses propres sujets. Il
étoit alors âgé de 49 ans.

1004 *Entre les mains de qui tomba la Puissance souveraine en Angleterre après la mort
de Charles I ?*

Olivier Cromwell, simple Gentilhomme Anglois, réduisit tout le Royaume sous son obéis-
sance, & le gouverna avec une autorité absolue, en portant le titre de *Protecteur*, qu'il
se fit donner par le Parlement. Il en fut revêtu
en 1653, & le conserva jusqu'à sa mort, arrivée en 1658 (74). Ce fut un des plus rusés
tyrans que la terre ait jamais porté.

1005. *Qui eut-il pour successeur ?*

Son fils *Richard Cromwell*, qui étant incapable de remplir ce poste, donna lieu au rap-
pel de *Charle II*, fils de *Charle I*, qui commença à régner l'an 1660, & mourut l'an
1685, âgé de 55 ans.

1006. *Qui fut son successeur ?*

Jacques II, Duc d'Yorck, son frere, qui
s'étant livré à de mauvais conseils, voulut
porter atteinte aux constitutions du Royaume,
& introduire la Religion Catholique dont il

---

(74) L'Histoire de sa vie est écrite par divers
Auteurs.

faisoit profession. Cela causa une révolution, & *Jacques II* ayant été obligé de prendre la fuite, le trône fut occupé par *Guillaume*, Prince d'Orange, qui avoit épousé sa fille *Marie. Jacques II* est mort en France, l'an 1761.

1007. *Guillaume III, régna t-il heureusement?*

Il fut continuellement occupé à faire la guerre à la France. Son autorité fut fort traversée en Angleterre ; mais il en avoit beaucoup plus en Hollande, dont il étoit Stadhouder. Il perdit son épouse en 1695. Nous verrons sa mort dans le siecle suivant.

1008. *Revenons à l'Électorat de Brandebourg. Joachim-Fréderic a t-il vécu long-temps dans ce siecle ?*

Il mourut l'an 1608, âgé de 62 ans & demi, après un regne fort heureux & fort tranquille. C'étoit un Prince d'une grande piété.

1009. *Qui est ce qui lui succéda ?*

Jean Sigismond, son fils aîné, qui étoit né l'an 1572, & qui épousa, en 1594, *Anne*, fille d'*Albert Fréderic*, Duc de Prusse, & héritiere présomptive des Etats de Cleves & de Juliers. Ces Etats furent ensuite dévolus à *Jean Sigismond*, par la mort du dernier Duc *Jean-Guillaume*, l'an 1609.

1010. *Jean Sigismond ne fit-il point d'autres acquisitions ?*

L'an 1611, il succéda à *Albert—Fréderic*, dernier Duc de Prusse, & fut solemnellement investi de ce Duché par le Roi, les Sénateurs & les Etats de Pologne.

1011. *Son gouvernement fut-il signalé par quelqu'autre endroit ?*

L'an 1614, il introduisit dans ses Etats l'exercice de la religion Réformée, qu'il embraſſa lui – même avec beaucoup de zele.

1012. *En quelle année mourut-il ?*

En 1619.

1013. *Qui fut ſon ſucceſſeur ?*

George-Guillaume, ſon fils aîné, qui épouſa, l'an 1616, *Eliſabeth-Charlotte*, fille de
Fréderic IV, Electeur Palatin.

1014. *Ne fit-il aucune acquiſition ?*

La ſucceſſion du Duché de Poméranie lui
échut l'an 1637, par la mort de *Bogiſlas XIV*,
Duc de cette Province. Mais les Suédois s'en
emparerent, & la Maiſon de Brandebourg n'en
obtint qu'une partie après la paix de *Munſter*.

1015. *En quelle année mourut George-Guillaume ?*

Il mourut ſur la fin de 1640, & eut pour
ſucceſſeur, *Fréderic-Guillaume*, ſurnommé le
Grand, & l'un des Princes auxquels ce ſurnom
a jamais été le mieux dù.

1016. *En quelle année Fréderic-Guillaume
étoit-il né ?*

L'an 1620. Nous avons déja nommé ſa mere
ci-deſſus.

1017. *Pouvez-vous entrer dans le détail des
actions de ce grand Prince ?*

Cela eſt impoſſible dans un Abrégé tel que
celui-ci. Il ſuffit de dire qu'il augmenta ſes Etats
de l'Archevêché de Magdebourg, des Evêchés
de Minden, d'Halberſtadt, des Comtés de Ra-
venſtin & de Hobenſtein, de la Poméranie ul-
térieure, de l'Evêché de Camin, de la ſouverai-
neté de Pruſſe, & de pluſieurs autres Pays (75).

––––––––––––

(75) Voyez ſa vie en Latin, par *Puffendorf*, & les
Mémoires de Brandebourg.

1018. *En quelle année mourut-il ?*

L'an 1688, âgé de 68 ans 2 mois & 23 jours.

1019. *Qui est-ce qui lui a succédé ?*

Frédéric, fondateur du Royaume de Prusse, dont nous parlerons dans le siecle suivant.

1020. *Passons aux Empereurs. Qui est-ce qui porta ce titre après Ferdinand II ?*

Son fils *Ferdinand III*, qui parvint à l'Empire en 1637, & mourut en 1657, âgé de 49 ans. Ce fut sous son regne que se fit la paix de Munster, qui rendit la tranquillité à l'Europe.

1021. *Qui fut le successeur de Ferdinand III ?*

Léopold I, qui a vécu jusqu'au siecle suivant, & dont le regne a été traversé par de continuelles guerres, tantôt contre les Turcs, tantôt contre la France.

1022. *Nous en sommes demeurés en Espagne à Philippe II. Quand mourut il ?*

En 1598, âgé de 71 ans. Il eut pour successeur *Philippe III*, En 1510, ce Prince chassa d'Espagne tous les Maures, qui en sortirent au nombre de plus de neuf cents mille ames. Depuis ce temps-là, l'Espagne a été extrêmement dépeuplée.

1023. *En quelle année mourut Philippe III ?*

En 1621, âgé de 43 ans. Son successeur fut *Philippe IV*, mort en 1655, âgé de 60 ans. *Charles II* son fils, lui succéda, & mourut sans lignée, en 1700, âgé de 39 ans.

1024. *Finissons ce siecle par les Empereurs Turcs ?*

Mahomet III mourut l'an 1603, & eut pour successeur *Achmet I*, qui mourut l'an 1617. *Mustapha*, frere d'*Achmet*, lui succéda, & fut déposé par les Janissaires l'an 1618. *Osman*, fils d'*Achmet*, régna après lui, & fut étranglé.

par les mêmes Janissaires, l'an 1622. *Mustapha*
fut remis sur le trône, & derechef déposé la
même année. Il fut ensuite étranglé en prison
l'an 1639. *Amurat IV* régna depuis 1623, jusqu'en 1640. *Ibrahim*, son frere, qui lui succéda, fut étranglé par les Janissaires, l'an
1654. Après lui vint *Mahomet IV*, son fils,
qui mourut l'an 1693. Ses successeurs, jusqu'à
la fin du siecle, ont été *Soliman III*, *Achmet
II* & *Mustapha I*.

* * *

SIECLE XVIII.

1025. *L'EMPEREUR Léopold a-t-il régné
fort avant dans ce siecle ?*

Il est mort en 1705, âgé de 65 ans.

1026. *Qui est-ce qui lui a succédé ?*

Joseph, son fils, qui est mort en 1711, à
l'âge de 33 ans.

1027. *A qui l'Empire est-il parvenu après lui ?*

A son frere *Charles VI*, auparavant Archiduc d'Autriche, & concurrent de *Philippe V* a
la couronne d'Espagne. C'est le dernier Empereur de la Maison d'Autriche.

1028. *Jusqu'à quand a-t-il régné ?*

Jusqu'en 1740. Il mourut âgé de 55 ans,
& laissa ses Etats héréditaires à l'Archiduchesse
Marie-Thérese, sa fille qu'il avoit eue d'*Eli-
beth-Christine*, de la Maison de Wolfenbuttel.

1029. *Quel fut alors le sort de la dignité
Impériale ?*

Elle fut conférée à l'Electeur de Baviere,
qui prit le nom de *Charles VII*. Il mourut

en 1745, après un regne fort traversé & triste.

1030. *Qui a été son successeur?*

François, Duc de Lorraine, époux de la Reine de Hongrie, fille de l'Empereur *Charles. VI.* C'est avec cette Princesse que *François I* a tenu les rênes de l'Empire pendant près de vingt ans, jusqu'au 18 Août 1765, où il a été enlevé par une mort subite à Infpruck, dans fa cinquante-feptieme année, & a laissé le trône Impérial au Roi des Romains, *Joseph-Benoit-Augufte*, fon fils, âgé alors de 25 ans, mort le 20 Février 1790 auquel a fuccedé fon frere *Leopold II.*

1031. *Comment s'est terminé le regne de Louis XIV?*

Ce Monarque, après avoir joui des prospérités les plus brillantes, a effuyé des revers accablants, mais où il a fait éclater beaucoup de grandeur d'ame. Il n'a pas laiffé d'affermir fon petit-fils fur le trône d'Efpagne. Les guerres continuelles qu'il a foutenues avoient jeté la France dans un grand épuifement, & il l'a laiffé dans cet état lorfqu'il mourut en 1715, dans la foixante-dix-feptieme année de fa vie, & dans la foixante-treizieme de fon regne.

1032. *A qui laiffa-t il le Royaume?*

A fon arriere-petit-fils *Louis XV*, âgé alors de cinq ans.

1033. *Comment fe font paffées les premieres années de ce regne?*

Sous la régence de *Philippe*, Duc d'Orléans, pendant laquelle on a vu une des chofes les plus fingulieres qui puiffent arriver dans un État; je veux parler de l'affaire du *Miffiffipi*, qui a caufé de fi grandes révolutions dans la fortune des particuliers, & dans les finances de l'Etat.

1034. *Qu'est-ce qui a succédé à cette régence ?*

Le regne de *Louis XV*, qui, soit pendant le Ministere du Cardinal *de Fleury*, soit depuis que le Roi eut pris tout le fardeau du gouvernement, a été signalé par des événements très-favorables à la gloire & au bonheur de la France. Mais dans le cours de la derniere guerre, depuis l'année 1755 jusqu'en 1762 (76), les choses ont changé de face, la France a souffert des pertes considérables, & s'est vue réduite à un grand épuisement. Le retour de la paix lui a fourni les moyens de se rétablir, & à mettre sa marine sur un pied formidable.

1035. *Combien de temps a régné Louis XV ?*

Il a régné 59 ans ; il est décédé le 10 Mai 1774, dans la soixante cinquieme année de son âge. Son petit-fils *Louis-Auguste* lui a succédé, sous le nom de *Louis XVI*, âgé de 20 ans alors.

1036. *A qui est il marié ?*

Il a épousé *Marie-Anne-Antoinette*, Archiduchesse d'Autriche, le 14 Mai 1770 ; il y a deux Princes & deux Princesses de ce mariage.

1037. *Qu'est-ce qui s'est passé en Espagne dans ce siecle ?*

Après la mort de *Charles II*, s'est élevée la guerre de succession entre *Philippe*, petit-fils de *Louis XIV*, & *Charles*, depuis Empereur, sous le nom de *Charles VI*.

1038. *Quelle en fut l'issue ?*

Philippe V est demeuré paisible possesseur

____

(76) Le Siecle de Louis XV, par le célebre *Voltaire*, aura ici la préférence.

du trône, & l'a laiffé après fa mort, arrivée en 1749, à *Ferdinand VI*, fon fils.

1039. *Combien a duré le regne de Ferdinand?*

Jufqu'à l'année 1759, en laquelle ce Prince étant mort, a eu pour fucceffeur fon frere *Charles III*, qui étoit auparavant Roi des deux Siciles (77).

1040. *Qui a fuccédé à Charles III au trône des deux Siciles ?*

Ferdinand-Antoine, le troifieme de fes fils ; âgé de huit ans alors, l'aîné étant incapable de régner, & le fecond devant fuccéder en Efpagne à fon pere. Une Régence a adminiftré les affaires, pendant la minorité du jeune Roi des deux Siciles (78). Il eft marié avec l'Archiducheffe *Marie-Louife-Caroline*, fille de l'Empereur *François I*, le 13 Août 1768 : il y a fix enfants de ce mariage.

1041. *Quel Etat eft le voifin de l'Efpagne occidentale en Europe ?*

C'eft le Portugal (79), connu autrefois fous le nom de *Lufitanie* & du pays des anciens *Callaïques*, que les Maures ont habité après, qui a appartenu, il y a un fiecle, à

---

(77) On a de l'Efpagne, l'Hiftoire de *Mariana*, en cinq vol. in 4to., & celle de *Ferraras*, en dix vol. in 4to.

(78) Pour les Royaumes de Naples & de Sicile, on a l'Hiftoire de Naples, par *Gioanno*, quatre vol. in 4to. en Italien & en François, & l'Hiftoire de Sicile, par *Burrigny*, deux vol. in 4to.

(79) On a une Hiftoire du Portugal, par *Lequien de la Neuville*, 2 vol. in 4to.; une par *de la Clede*, en 8 vol. in 12, & une des Révolutions, par l'*Abbé Vertot*, in 12.

l'Espagne, & qui est aujourd'hui un Royaume héréditaire.

1042. *Qui les gouverne à présent ?*

Après la mort de *Joseph-Emanuel*, cinquieme Roi de la Maison de Bragance, arrivée le 24 Février 1777, sa fille *Marie-Françoise-Isabelle* lui a succédé ; elle est montée sur le trône de Portugal avec son époux *Pierre III*, frere de son pere, mort le 24 Mai 1786 ; de ce Mariage il y a trois enfants, dont *Joseph-François-Xavier*, Prince de Brésil, héritier présomptif, né le 21 Août 1761 ; il est marié le 21 Février 1777, avec sa tante *Marie-Francoise-Bénédictine*, née le 24 Juillet 1746. Il n'y a point d'enfants de ce mariage si inégal en âge.

1043. *Qui occupe aujourd'hui le Siege de Rome?*

C'est *Giovani-Angelo-Brachi*, sous le nom de *Pie VI*, deux cent cinquante-huitieme, soi-disant successeur de *Saint Pierre*, né à Céfena le 27 Décembre 1717. Il fut élevé au Pontificat le 15 Février 1775. Il a succédé à *Ganganelli* ou *Clément XIV*, qui s'est fait un nom par l'abolition de l'ordre des Moines, qui s'étoient rendus formidables sous le nom de Jéfuites, dans les quatre parties du monde (80).

1044. *Paffons à l'Angleterre. Quand est-ce que mourut le Roi Guillaume III?*

---

(80) L'Histoire des Papés écrite en Anglois, par *Bower*, préfentement complete en 7 vol. in 4to. C'est un morceau très-curieux, travaillé fur des matériaux qui ont manqué à tous les Auteurs qui ont traité ce fujet avant lui. Il feroit à fouhaiter, pour le bien public, qu'elle fût traduite en François, comme ont fait les Allemands & les Hollandois.

En 1702. La Reine *Anne*, sa belle-sœur, lui succéda. Elle a régné jusqu'en 1714. L'Angleterre a remporté, pendant ce temps-là, des victoires éclatantes, dont elle a été redevable à un des plus grands Généraux qu'il y ait jamais eu ; c'est le Duc de *Marleborough*.

1045. *Qui est-ce qui a succédé à la Reine Anne?*

George-Louis, Electeur de Hanovre, fils de la Princesse *Sophie*, qui étoit fille de la Princesse *Elisabeth*, épouse de *Frédéric V*, Roi de Bohème & Electeur Palatin.

1046. *Combien de temps ce Prince a-t il régné?*

Jusqu'en 1727, & il a eu pour successeur, *George II* son fils, mort le 25 Octobre 1760, âgé de 77 ans.

1447. *Qui a succédé à George II?*

Le Prince de Galles, son petit-fils, sous le nom de *George III* ; qui a épousé, en 1761, *Sophie-Charlotte*, Princesse de Mecklenbourg-Strelitz ; il y a encore treize enfants en vie de ce mariage.

1048. *Depuis la mort du Roi Guillaume, Stadhouder des Provinces-Unies, qu'est-il arrivé dans cet Etat ?*

Le Stadhouderat causa de nouveaux troubles, & les Princes de la Maison de *Nassau-Dietz* n'obtinrent cette charge que des deux Provinces de Frise, de Groningue & des Ommelandes.

2049. *La guerre des Alliés contre la France, à laquelle la Hollande prenoit part, continua-t-elle ?*

Jusqu'en 1712, où le changement des affaire en Angleterre achemina la paix conclue à Utrecht.

1050. *Arriva-t-il depuis du changement dans le*

gouvernement intérieur des Provinces-Unies ?

Le jeune Prince *Guillaume - Charles - Henri Frifo*, Stadhouder héréditaire de Frife, dont le pere s'étoit noyé en 1711, en paffant le Suyen-Sas, fut élu, en 1722, Stadhouder du Pays de Drente, & quelque temps après il fut élevé à la même dignité, par les Etats de la Province de Gueldres.

1051. *A qui fut marié ce Prince ?*

Il époufa, en 1734, *Anne*, Princeffe Royale de la Grande-Bretagne ; de ce mariage font nés le Prince *Guillaume V*, & Madame la Princeffe *Caroline*, mariée avec *Charles Chrétien*, Prince régnant de Naffau-Weilbourg.

1052. *En quel temps Guillaume IV fut-il élevé au Stadhoudérat des fept Provinces-Unies ?*

Ce fut le 4 Mai 1747, lorfqu'il fut proclamé, & que les François avoient pris la Flandre Hollandoife, & qu'ils menaçoient la Zélande d'une invafion, cette Province le déclara Stadhouder ; cet exemple fut fuivi par celles de Hollande, d'Utrecht & d'Overyffel, & quelque temps après ces charges furent déclarées héréditaires dans la ligne mafculine & féminine de la Maifon d'Orange. La paix d'Aix-la-Chapelle fut fignée le 18 Octobre 1741, par laquelle les Etats furent remis en poffeffion des villes & des places qu'ils avoient perdues. Ce Prince mourut le 22 Octobre 1751, & Madame fon époufe en 1758.

1053. *Qui eft-ce qui lui a fuccédé au Stadhoudérat ?*

Son fils *Guillaume V*, d'abord fous la tutelle de fa mere, & après fa mort, fous celle des Etats & du Duc de Brunfwick. Il eft en charge depuis le 8 Mars 1765 ; & il eſt marié depuis le 7 Août 1767 , avec *Sophie-Fréderique-Guillelmine*, Princeſſe de Pruſſe ; de ce mariage il y a deux Princes & une Princeſſe.

1054. *Dites encore un mot de la Porte Ottomane.*

Achmet III ſuccéda , en 1703 , à *Muſtapha II.* Il a été dépoſé en 1730 ; & *Mahomet V* , ſon ſucceſſeur , a régné juſqu'en 1757. *Muſtapha III* , à qui ſon frere *Abdul-Hamet* a ſuccédé ; il eſt né le 18 Mai 1723 , & eſt aujourd'hui revêtu de la dignité de Sultan depuis 1774.

1055. *Quels ſont les deux Princes qui ont le plus attiré l'attention de l'Europe au commencement de ce ſiecle ?*

Charles XII & *Pierre* le Grand (81).

1056. *Qui étoit Charles XII* (82) ?

Il étoit Roi de Suede ; étant monté ſur le trône en 1697 , il fut pendant quelques années l'arbitre & la terreur du Nord ; mais s'étant imprudemment enfoncé dans la Ruſſie , il y perdit ſon armée , ſe réfugia en Turquie ; & après des aventures tout-à-fait extraordinaires, il rentra dans ſes Etats , & fut aſſaſſiné par un de ſes Officiers (83), le 18 Décembre 1718 , au ſiege de Frédericshall en Norwege , âgé de 35 ans.

---

(81) On peut y joindre *Thomas-Kouli-Kan.* Il ſeroit à ſouhaiter qu'on eût une Hiſtoire digne de foi de ce conquérant.

(82) Le célebre *Voltaire* a écrit l'Hiſtoire de ce héros , 1 vol. in 8vo , & *Nordberg* en 4 vol. in 4to.

(83) Cet Officier eſt mort en 1778 ; lorſqu'il ſentit approcher ſa fin , il déchargea ſa conſcience , en avouant volontairement ce parricide , qu'il avoit caché pendant 60 ans.

1057. *Qui lui a succédé au trône de Suede?*

Sa sœur *Ulrique-Eléonore*, qui céda après la couronne à son époux *Fréderic I*, Prince héréditaire de Hesse-Cassel, mort sans enfants, en 1751. A qui a succédé le Prince *Adolphe-Fréderic* de Holstein-Eutin, qui a épousé la Princesse *Louise-Ulrique* de Prusse, il est mort le 12 Février 1771. Son fils *Gustave-Adolphe*, né le 24 Janvier 1746, lui a succédé : il est marié depuis le 4 Novembre 1766, avec *Sophie-Magdelaine*, Princesse de Danemarck ; de ce mariage il y a un Prince. Le 19 Août 1772, il s'est fait un petit changement dans la forme du Gouvernement, qui a été ensuite confirmé par les quatre Ordres du Royaume. A la diete de 1779, le Roi & les Etats ont rendu une Ordonnance, par laquelle il est accordé à toutes les religions de Royaume, la liberté de conscience & un libre exercice de leur culte.

1058. *Quels sont les Etats voisins de la Suede?*

Ce sont vers l'Occident les Royaumes de Danemarck & de Norvege, qui sont des plus anciens de l'Europe : quelques Historiens prétendent que le Royaume de Danemarck fut fondé par Noé & par ses descendants ; que *Gomer Secundus*, arriere-petit-fils de *Japhet*, fut le premier qui le gouverna sous le nom de Juge. A présent il est monarchique.

1059. *Qui gouverne aujourd'hui le Danemarck & la Norvege* (84).

---

(84) On a une Histoire de Danemarck, par *la Roche*, en 9 vol. in 12, & une de *Mallet* ; cette derniere, on la dit la meilleure ; il y a aussi un Abrégé de cet Ouvrage.

C'est

C'eft *Chriſtian VII*, quatorzieme Roi de la maifon d'*Oldenbourg*, âgé de 38 ans ; il eſt fils de *Fréderic V*, mort en 1766, & de *Louiſe*, Princeſſe d'Angleterre, fille de *George II*. Il a été marié avec la Princeſſe *Caroline-Mathilde*, ſœur de *George III*, Roi d'Angleterre. De ce mariage il y a un Prince & une Princeſſe. En 1772, la nuit entre le 16 & 17 Janvier, il ſe fit une révolution à la Cour, dans laquelle la Reine régnante fut arrêtée avec les Miniſtres *Struenſée*, *Brand*, & d'autres perſonnes. La Reine ſe retira enſuite à Zelle, où elle eſt morte de chagrin le 10 Mai 1774. La Princeſſe *Louiſe—Auguſte* ſa fille, âgée de 15 ans, s'eſt mariée le 27 Mai 1786, avec *Fréderic-Chrétien* de Holſtein-Auguſtenbourg, âgé de 21 ans.

1060. *Par où Pierre I s'eſt-il diſtingué ?*

Il a eu la gloire d'être le créateur de ſa nation. Etant devenu Souverain des vaſtes Etats de la Ruſſie en 1682, la mort de ſon frere *Jean* l'en laiſſa ſeul maître en 1688, & bientôt après il forma le projet de bannir la barbarie qui y régnoit, & d'y introduire les ſciences, les arts & les mœurs des nations policées (85).

1061. *Que fit-il pour exécuter ce projet ?*

Il voyagea lui-même dans les principaux Etats de l'Europe, ſe mit au fait de tout ;

---

(85) L'Eloge du Czar *Pierre-le-Grand*, par M. *de Fontenelle*, eſt un chef-d'œuvre. Le célebre *Voltaire* a écrit l'Hiſtoire de Ruſſie en 2 vol., agréable à lire, mais pleine d'inexactitudes. On a à préſent une nouvelle Hiſtoire de la Ruſſie, par M. *Leveſque*, en 7 vol. in 12.

K

ramena dans son Empire des gens propres à former ses sujets, & le conduisit en peu de temps à ce point de splendeur & de puissance, où nous le voyons aujourd'hui. Il mourut en 1725.

1062. *Qui ont été les successeurs de ce grand Prince ?*

Ce fut d'abord, suivant sa derniere volonté, son épouse l'impératrice *Catherine*, morte en 1727. Elle avoit déclaré, pour son successeur, *Pierre Alexiewitz*, petit-fils de *Pierre 1*, le dernier Prince du sang des Czars, qui mourut à l'âge de 14 ans. Après la mort de ce Prince, la Princesse *Anne*, Duchesse de Courlande, fille aînée du Czar *Jean*, fut appelée au trône. N'ayant point d'enfants, elle déclare pour son successeur le Prince *Jean*, fils de sa niece *Catherine*, fille du Duc de *Mecklenbourg*, mariée au Prince *Antoine-Ulric* de *Brunswick* : ce jeune Empereur n'avoit que deux mois lorsqu'il fut couronné. Il fut détrôné un an après ; lui & ses parents furent emprisonnés ; il fut élevé séparément, & enfin indignement massacré en 1764, à *Schlusselbourg*.

1063. *Qui détrôna ce jeune & infortuné Empereur ?*

Ce fut *Elisabeth*, fille de *Pierre 1*, qui monta sur le trône, la nuit du 5 au 6 Décembre 1741, & mourut après un regne de 20 ans, le 5 Janvier 1762. Elle avoit nommée pour son successeur le fils de sa sœur *Anne Petrowna*, mariée au Duc *Charles-Frederic* de *Holstein-Gottorff*, & qui lui a succédé sous le nom de *Pierre III*. Il n'a fait qu'entrevoir le trône Impérial, qui lui étoit destiné : mais dont une révolution l'a précipité & conduit au tombeau, en Juillet 1762. Depuis ce temps, la Russie obéit à *Catherine-Alexiewna* , née Princesse d'*Anhalt-Zerbst* , qui s'est rendue digne du trône Impérial , & son regne célebre , par un grand nombre d'institutions salutaires pour la Russie ; par la guerre qu'elle a soutenue seule contre les Turcs , & la paix glorieuse qui en a été la suite , conclue le 10 Juillet 1774 , & ratifiée de nouveau le 18 Avril 1779.

1064. *Qui occupe aujourd'hui le trône de Pologne?*

C'est *Stanislas-Auguste* , *Piast* , de l'ancienne Maison des Comtes de *Poniatowski*. Il a succédé à *Auguste III* , Roi de Pologne & Electeur de Saxe , mort en 1764. Cette Maison a possédé la couronne de Pologne pendant plus de 50 ans (86).

1065. *Quand est ce que le changement de titre du Duché de Prusse en Royaume est arrivé ?*

En 1701. *Frédéric I* fut proclamé Roi de Prusse à Königsberg , le 15 Janvier de cette année.

1066. *Combien de têms a-t-il régné ?*

Jusqu'en 1713 ; il a laissé le Royaume à *Frédéric-Guillaume* son fils.

1067. *Qu'avez-vous à dire de ce Monarque ?*

Il a considérablement augmenté la force & la puissance de ses Etats ; il a formé une des armées les plus belles & les mieux disciplinées qu'il y ait jamais eu , & que son successeur a augmentée de trois quarts , disciplinée & perfectionnée au plus haut degré possible ; que toute l'Europe l'a prise pour modele dans le métier des armes.

---

(86) On a une *Histoire de Pologne* , par le Chevalier de *solignac* , 6 vol. in 12 , qu'on attribue au Roi *Stanislas* , mort au commencement de l'année 1766.

1068. *Quand est-ce qu'il a terminé son regne, & sa vie ?*

Le 31 Mai de l'année 1740.

1069. *Qui est-ce qui lui a succédé ?*

Fréderic II. » C'est lui, qui, devenu redou-
» table à la Maison d'Autriche, par tant de
» batailles gagnées, tient aujourd'hui la balance
» en Allemagne, & se distingue également par
» les talents de son esprit, par son amour pour
» la justice, & par la gloire de ses armes (87).

1070. *Combien de guerres a soutenu ce Prince contre la Maison d'Autriche ?*

Trois : la premiere commença en 1740, pour faire valoir les droits que sa Maison avoit sur quelques Duchés de Silésie, & qui fut terminée par la paix de Breslau, en 1741, où la plus grande partie de la Silésie lui fut cédée à perpétuité. La seconde commença en 1745, & fut terminée par la paix de Dresde, en 1748, La derniere & la plus glorieuse qu'il a soutenue pendant près de sept ans, contre les plus grandes forces de l'Europe, commença en 1756, & fut terminée par la paix de Hubertsbourg, e 15 Février 1763, où les Traités de Breslau & de Dresde furent confirmés.

---

(87) Ce sont les expressions du Président *Hénault* dans son *Abrégé Chronologique de l'Histoire de France.* Cet illustre Auteur a été l'écho de la voix publique, il a parlé d'avance le langage de la postérité. Mais quel ne sera point l'étonnement de cette postérité, lorsqu'elle lira l'histoire de cette derniere guerre, quand elle verra que la seule puissance Prussienne a fait tête aux plus grandes Monarchies de l'Europe, qui étoient réunies contre elle, avec une armée de 400,000 hommes, contre 80,000 Prussiens, dans la guerre de 1756 à 1763 !

1071. *La bonne harmonie entre ces deux puif-*
    fantes Maifons n'a-t-elle pas été de nouveau
    interrompue après la paix de Hubertsbourg?

Oui, par la mort de *Maximilien-Jofeph*,
dernier Electeur de Baviere de la ligne Guil-
lelmine; il s'eft élevé des difficultés à l'égard
de la fucceffion du défunt; on eft de nouveau
entré en campagne en 1778; mais l'amour de
l'humanité & de la juftice ont engagé l'Impé-
ratrice-Reine *Marie-Thérefe*, & *Fréderic*, Roi
de Pruffe, à rétablir la paix, par un Congrès
tenu à Tefchen, & fignée le 13 Mai 1779,
où tout a été arrangé au contentement des
parties intéreffées, & les Traités de Breflau,
de Drefde & de Hubertsbourg ont encore été
ratifiés & garantis par la Ruffie & par la France.

1072. *Cette queftion ne fut-elle pas entierement*
    vuidée par le Congrès de Tefchen?

On a cru que c'étoit une affaire faite; mais,
à ce qu'on dit, la Maifon d'Autriche a cherché
après, fous-mains, de faire l'acquifition de la
Bàviere, par une échange contre les dix Provinces des Pays-Bas: à ce deffein, on s'eft
oppofé en Allemagne par une Confédération
formidable, qui fut fignée à Berlin le 23 Juillet
1785, entre le Roi de Pruffe, le Roi d'Angleterre, comme Electeur d'Hanovre, l'Electeur
de Saxe, l'Electeur de Mayence, le Duc de
Deux-Ponts, le Duc de Brunfwick, le Landgrave de Heffe-Caffel, les Ducs de Saxe-Gotha
& de Saxe-Weymar; les Evêques de Wurtz-
bourg & de Bamberg, l'Abbé de Fulde, &c.,
pour foutenir les libertés & les privileges de
l'Empire Germanique. On affure qu'une pareille
Confédération auroit auffi lieu en Italie, dont
le Roi de Sardaigne fera à la tête.

K 3

1073. *Quel autre événement de ce fiecle mérite encore une place dans l'Hiftoire univerfelle?*

C'eft l'établiffement de la nouvelle République des treize Provinces-Unies de l'Amérique feptentrionale, qui fe font foulevées contre l'Angleterre, leur mere-patrie; & avec l'affiftance de la France, de l'Efpagne & de la Hollande, l'ont forcée de les déclarer *des Etats libres & fouverains*, par le Traité figné à Verfailles, en Novembre 1783. Nous les félicitons de cette liberté, & finirons par les vœux que fit M. *Francklin* à fon retour de l'Europe dans fa patrie, lorfqu'il s'annonçoit aux députés des Etats en ces termes : *Puiffent de bonnes Loix, fidélement exécutées par des Magiftrats integres & vertueux, la maintenir long-temps dans la poffeffion de fon bonheur* (88)! Nous répétons ces vœux pour toutes les Sociétés & Républiques de notre globe, exceptez-en celles des abeilles, qui n'en ont pas befoin.

---

(88) Pour exécuter de bonnes loix, il faut premierement les faire & compofer, de forte que la multitude les agréeroit pour y obéir. L'un & l'autre n'eft pas facile. Mais les hommes abandonnent ordinairement le foin de régler les chofes les plus importantes à la prudence du moment, ou à ceux-là mêmes qui font intéreffés à rejeter les meilleures inftitutions, & ce n'eft qu'aux dernieres extrémités qu'ils fe déterminent.

F I N.

ABRÉGÉ
CHRONOLOGIQUE
DES ÉPOQUES

DES INVENTIONS ET DES DÉCOUVERTES
LES PLUS REMARQUABLES,

DES ARTS ET DES SCIENCES.

Pour servir de Suite à l'ABRÉGÉ DE
L'HISTOIRE UNIVERSELLE.

Nouvelle Édition refondue & fort augmentée.

1. LE premier & le plus utile de tous les
Arts & de toutes les Sciences, est sans doute
l'agriculture ; c'est peut-être la raison pour
laquelle les Anciens lui ont donné une origine
divine; ils croyoient que c'étoit Osiris ou Bacchus,
fils de Jupiter, qui l'avoit enseignée aux Egyptiens. Il fut le premier qui planta la vigne. Il
inventa aussi à brasser la bierre de l'orge, en
faveur des peuples dont le terroir n'est pas
propre à la vigne. Il vivoit du temps de Noé.

AVANT J. C. 2300.

2. L'art de la Sculpture est de la plus haute
antiquité : les Egyptiens & les Grecs s'en ont

K 4

disputé l'invention : comme ceux-ci avoient l'i-
magination riante, ils l'ont attribué à l'Amour.
Un Potier de Sycione, nommé *Débutade*, avoit
une fille qui devoit être féparée de fon amant
pour quelque temps ; elle deffina à la lumiere
d'une lampe cette image chérie, en traçant fur
l'ombre une ligne qui fuivît & marquât les contours. Le pere, voyant l'ouvrage de fa fille,
imagina d'appliquer de l'argille fur ces traits,
en obfervant les contours, tels qu'il les voyoit
deffinés ; il fit par ce moyen un profil de terre,
qu'il mit cuire dans fon fourneau. Il eft regardé
comme l'inventeur de la fculpture. On dit qu'il
vivoit du temps d'Abraham.　　　　　2000.

3. *Orphée*, fils d'Œnagre de Thrace, ou d'Apollon
& de Clio, eft regardé comme l'inventeur de la
Mufique ; on rapporte, que les fons de fa lyre
étoient fi harmonieux, qu'ils animoient les ro-
chers, les arbres, les fleuves, & qu'ils touchoient
les animaux & même les divinités infernales.

4. Les Egyptiens s'attribuent l'invention de
l'art d'écrire ; ils difent que c'eft leur *Hermès*
ou *Mercure*, qui inventa les caracteres. D'eux il
eft paffé chez les Phéniciens, & de-là chez les
Grecs. On croit que c'eft du temps de Job, que
fut écrit le premier livre.　　　　　1500.

5. *Dédale* fut le premier Statuaire & Architecte
connu en Grece.　　　　　1200.

6. *Homere*, ancien Poëte Grec, dont les ouvrages ont paffé jufqu'à nous. On lui érigea des
temples & des ftatues après fa mort, & pendant
fa vie, il n'avoit pas une maifon pour fe loger,
　　　　　950.

7. *Phidon*, un des defcendants d'Hercule,
introduifit les poids & les mefures, & fit battre
de la monnoie en Grece, vers　　　　　900.

8. *Lycurgue* donne des loix à Lacédémone sa patrie, vers ce temps-ci.

9. L'invention de la sculpture en marbre est environ de   770.

10. *Archiloque*, Poëte Grec, passe pour l'inventeur des vers jambiques ; il vivoit vers le même temps.

11. *Thalès* fut le premier qui se distingua par les découvertes qu'il fit dans l'astronomie ; il prédit les éclipses ; il fixa les points des solstices, & il trouva en quelle proportion est le diametre du soleil au cercle qu'il décrit autour de la terre. Il naquit à Milet, environ   640.

12. *Sappho*, femme célebre, excella dans la poésie lyrique ; deux de ses pieces nous restent de tout ce qu'elle a fait.   600.

13. *Anacréon*, célebre Poëte, florissoit quelque temps après. Il nous reste quelques lambeaux de ses ouvrages.

14. *Solon* donna des loix aux Athéniens ses concitoyens, vers le même temps. Il fut aussi Poëte ; il nous a laissé des préceptes en vers & des Epigrammes.

15. On croit qu'*Esope*, si connu par ses Fables, étoit contemporain de Solon.

16. *Confusius*, célebre Philosophe, enseigna sa morale aux Chinois, vers   550.

17. *Anaximandre*, disciple de Thalès, enseigna le premier, que la lune emprunte sa lumiere du soleil ; que cet astre est plus grand que la terre ; il crut que c'est une masse de feu. Il construisoit des spheres, traçoit des cadrans solaires. Il dressoit des cartes géographiques, & connoissoit l'obliquité de l'écliptique. Il étoit né à Milet, environ   550.

18. *Pythagore* enseigna environ vers ce temps-

là, que les planetes tournent autour du soleil, que la terre tourne autour du même astre ; qu'elle a, outre ce mouvement périodique, un mouvement de rotation, qu'on doit regarder comme la cause du mouvement diurne du soleil & des étoiles ; par conséquent, le mouvement de ces astres n'est qu'apparent. Il fit des observations qui servirent à diviser l'année en 365 jours & quelques heures. Il rectifia encore la philosophie, la géométrie, la musique, &c.   530.

19. *Eschyle*, le premier Auteur tragique connu ; il réforma le théâtre à Athenes, environ   230.

Sophocle & *Euripide* sont venus quelque temps après, & ont corrigé Eschyle & le théâtre Grec.

20. *Socrate* enseigna la Philosophie morale aux Athéniens, pour être utile à tous, comme il disoit ; il en fut calomnié & mis à mort.   470.

21. *Aristophane*, le plus ancien Auteur comique connu. De cinquante pieces qu'il a composées, onze sont parvenues à nous : il étoit contemporain de Socrate.

22. *Phidias* porta l'art de la sculpture au plus haut degré de perfection. Il florissoit vers 450.

23. *Méton*, célebre Astronome d'Athenes, publia son cycle lunaire, par lequel il prétendoit d'ajouter le cours du soleil à celui de la lune. Il vécut environ   440.

24. *Aristote* observa de son temps le cours d'une comete. Il observa aussi que la planete Mars étoit éclipsée par la lune ; phénomene qui n'est pas arrivé depuis. On est redevable à ce grand Savant de bien d'autres découvertes.

La moindre partie de ses ouvrages nous est parvenue. Il étoit né à Stagyre, en   384.

25. *Eudoxe* de Gnide, régla l'année solaire à 365 jours & 6 heures. Il détermina aussi le temps précis que mettent les autres planetes à tourner autour du soleil.   470.

26. *Hippocrate*, le plus ancien Médecin dont on ait conservé les écrits. On croit qu'il a connu la circulation du sang. Il étoit de l'Isle de Cos.   350.

27. *Euclide*, un des plus grands Mathématiciens de l'antiquité ; ses propositions géométriques nous sont parvenues en partie. Elles passent encore pour ce qu'il y a de meilleur dans ce genre. Il vécut à Alexandrie sa patrie, environ   300.

28. Les cadrans solaires furent introduits à Rome, environ l'an 209. Avant ce temps, on ne savoit dans cette ville qu'il étoit midi, que par un crieur public, qui l'annonçoit au peuple.

29. *Archimede* de Syracuse, est l'inventeur d'une sphere de verre, dont les cercles suivoient les mouvements des cieux avec exactitude. Il inventa la vis, si connue de nos jours, & qui porte encore son nom, *Vis d'Archimede*, dont on ne peut pas se passer dans l'architecture, & avec laquelle il rendit l'Egypte habitable. Il inventa aussi les verres, ou miroirs brûlants, & s'en servit pour la défense de sa patrie. Il a encore inventé plusieurs autres machines étonnantes, qui ne nous sont pas parvenues. Il fut tué par un soldat Romain, en cherchant la solution d'un problême, en   208.

30. *Eratosthene*, contemporain d'Archimede, fixa la distance de la terre au soleil, & mesura la grandeur de la terre.

31. *Archagatus* fut le premier Médecin étranger qui vint s'établir à Rome. Le public lui acheta une boutique à ſes dépens. On lui donna d'abord le ſurnom de *Guerriſſeur de plaies*. Mais peu de temps après, on changea ce ſurnom en celui de *Bourreau*, par ſa maniere cruelle de guérir.   200.

32. On introduit à Rome la Comédie. *Plaute*, Poëte comique, ſe diſtingua dans ce genre ; vingt-une de ſes pieces nous ſont parvenues : il mourut en   184.

33. *Hipparque*, le plus célebre Aſtronome de l'antiquité, compoſa ſes Ouvrages d'aſtronomie ; il prédit les éclipſes, & il calcula toutes celles qu'il devoit y avoir de ſoleil & de lune pendant ſix cents ans. C'eſt le premier qui entreprit de compter les étoiles, marqua leur ſituation & leur grandeur. Il fit plus, il obſerva que les étoiles avoient un mouvement d'Occident en Orient ; autour des pôles de l'écliptique. Il étoit natif de Nicée ; il floriſſoit vers   140.

34. *Praxitele* fait les premiers miroirs d'argent, vers.

35. *Poſidonius* étoit l'inventeur d'une ſphere artificielle, qui montroit tous les mouvements nocturnes & diurnes, que le ſoleil, la lune, & les cinq autres planetes font au ciel. Il vivoit avant la naiſſance de J. C., environ.   40.

36. *Aretée*, fameux Médecin de ſon temps, eſt le premier qui emploie les cantharides en qualité de véſſicatoires.   APRÈS J. C. 60.

37. *Claude Ptolémée*, natif de Peluſe, inventa un ſyſtême d'aſtronomie inſoutenable, qui fut pourtant adopté par tous les Aſtronomes & Philoſophes qui vinrent après lui

jufqu'à Copernic. C'eft le même qui rangea les étoiles les plus confidérables fous quarante-huit conftellations , dont douze fe trouvent autour de l'écliptique , vingt-une dans la partie feptentrionale , & quinze dans la partie méridionale de la fphere. Il floriffoit à Alexandrie , en   138.

38. *Offian*, ancien Poëte Breton, ou Anglois, dont les ouvrages nous font parvenus.   250.

39. Les cloches. ont été inventées en Italie près de Rome , vers l'an 400. Avant ce temps-là , on convoquoit les Fideles pour le Service divin. , en frappant fur certaines planches , qu'on nommoit pour cet effet *Planches facrées.* L'ufage fut introduit en France en 550, l'an 871 à Conftantinople, & l'an 1020 en Suiffe, &c.

40. La premiere *Graine* des vers-à-foie fut apportée de l'Afie en Europe, environ   527.

41. L'invention des *Moulins-à-eau* eft de l'an 555 ; & celle des *Moulin-à-vent* a été 744 ans plus tard.

42. L'invention des Lettres—de—Change eft due aux Juifs , du temps qu'ils fu rent bannis de France , par le Roi *Dagobert;* de cette maniere ils tirerent leurs biens des mains de leurs perfécuteurs.   640.

43. Les premieres *Orgues* furent envoyées de Conftantinople en France ; ce fut l'Empereur Conftantin Copronyme , qui en fit préfent au Roi Pépin , en   757.

44. Les Arabes étudient les fciences , & les font fleurir chez eux. Le Calife *Amamoum* fe diftingue par fes obfervations aftronomiques , vers   850.

45. *Gui d'Arrezo* inventa les notes de la mufique ; il s'avifa de marquer les fons par

des points fur différentes lignes, & imagina
les clefs, la gamme & les fix fyllabes, *ut,
re, mi, fa, fol, la,* qui font les premieres
fyllabes de l'Hymne, *Ut queant laxis,* &c.
1025. En 1330, *Jean de Meurs,* Parifien,
fubftitua aux points les notes dont on fe fert
aujourd'hui; & dans le fiecle paffé, la feptieme
fyllabe *fi,* fut ajoutée aux autres, par un
nommé *Le Maître.*

46. L'invention du jeu des *Echecs* & du jeu
de *Tric-trac,* eft de   1110.

47. L'art de faire du papier vient de Egyptiens; ils employerent une plante, nommée
Papyrus, dont il a tiré fon nom. On conferve
encore des ouvrages écrits fur ce papier; tel
eft un Recueil de Lettres de St. Auguftin.
Vers le huitieme ou le neuvieme fiecle, on
commença en Afie à fabriquer du papier de
coton broyé, qui fit que le papier d'Egypte
fut moins en ufage. Enfin, vers le treizieme
fiecle, les Européens firent la découverte de
faire du papier de toutes fortes de chiffons de
linge, de coton, &c.; dont les noms, les
qualités, les couleurs & la grandeur, font
différentes.   1200.

48. Un Mineur Anglois mécontent, qui s'é-
toit retiré d'Angleterre en Allemagne, y établit les premieres mines d'étain.   1266.

49. *Alexander Spina,* Moine Efpagnol, eft
connu pour avoir inventé les beficles ou lunettes fimples, vers l'an   1285.

50. C'eft à *Roger Bacon* qu'on doit l'invention & la conftruction de la Chambre obfcure.
Il donna encore de fon temps la defcription
de toutes fortes de miroirs. Quelques-uns le
font l'inventeur des lunettes & de la poudre

à canon. Il naquit en Angleterre en 1216, & mourut en   1297.

51. *Jean Gioia*, ou *Goya*, né à Melphy dans le Royaume de Naples, est connu pour avoir construit la premiere Boussole, vers 1300. Il mit à la pointe de l'aiguille une fleur de lys, qui étoit les armes du Duc d'Anjou, alors Roi de Naples. C'est depuis cette invention que la navigation des modernes est devenue si supérieure à celle des anciens.

52. L'invention de la poudre à canon est antérieure au Moine *Berthold Schwartz*, qui doit avoir fait par hasard cette découverte, en 1330, suivant une tradition. Mais on en faisoit déja usage au douzieme siecle dans les mines de Ramelsberg près de Goslar. Henri, Comte Palatin du Rhin, fils de Henri—le—Lion, en a fait en 1200, pour faire sauter les murailles d'un château près de Treve. L'emploi qu'on en a fait à la guerre, ne remonte qu'au treizieme ou quatorzieme siecle.

53. Les cartes à jouer ont été inventées en France, à ce qu'on dit, par un peintre, nommé *Jacquemin Grigonneur*, vers l'an 1388; mais elles étoient déja connues en Allemagne avant ce temps.

54. Les *Vénitiens* sont les premiers en Europe qui ont soufflé les glaces pour les miroirs. Au treizieme siecle, ils étoient encore les seuls qui en eussent le secret; mais vers le quinzieme siecle, on commença à s'en servir généralement, & à les fabriquer ailleurs.

55. La peinture à l'huile, dont on attribue l'invention à *Jean van Eyk*, né à Maseyk en 1410, est beaucoup plus ancienne; elle étoit déja connue au treizieme siecle. On a trouvé

en Bohême, au château de Carlſtein, un coffre
d'autel peint en huile ſur un fond doré par
Mutina, en 1297. On le voit aujourd'hui dans
la galerie de Vienne, où l'on montre auſſi
des peintures pareilles, de Nicolas Wurmſer
de Strasbourg, & de Théodoric de Prague,
du quatorzieme ſiecle.

56. C'eſt *Guillaume Boekel*, pêcheur Hollandois, qui a inventé l'art de ſaler les ha-
rengs. Il a par-là rendu un grand ſervice à ſa
patrie, en　　　　　　　　　　　　　　1416.

57. La gravure en bois a précédé l'Imprimerie en lettres mobiles. M. de Heine a découvert dans la Chartreuſe de Buxheim, un
des plus anciens Couvents d'Allemagne, une
feuille gravée en bois, repréſentant un St.
Chriſtophe, avec la date de　　　　　　1423.

58. L'art d'imprimer les livres en lettres
mobiles fut inventé en 1436, par *Jean Guten-*
berg à Mayence. Les premiers eſſais furent faits
à Strasbourg, & perfectionnés après à Mayence, en 1440. Les Hollandois & les Allemands
ſe diſputent juſqu'à préſent l'invention de cet art.

59. La gravure au burin eſt à-peu-près de
même date. Elle fut inventée par *Iſraël van*
Mecheln à Bockolt dans l'Evêché de Munſter, en　　　　　　　　　　　　　　1450.

60. L'origine des carroſſes ne va pas au-delà
du quinzieme ſiecle ; le premier qu'on vit à
Paris, fut celui que Ladiſlas, Roi de Hongrie
& de Bohême, envoya à la Reine de France,
femme de Charles VII, vers ce temps-là.

61. *Jean Muller*, plus connu ſous le nom
de *Regiomontanus*, ou de *Konigsberg*, petite
ville de Franconie, eſt le premier qui, après
ren aiſſance des Belles-Lettres, s'eſt appliqué

à faire des observations astronomiques. C'est lui qui a introduit l'usage des tangentes dans la trigonométrie. C'est encore ce *Regiomontanus*, qui, le premier, ajouta le cours du soleil, de la lune & des planetes à l'almanach, qui ne contenoit auparavant que les fêtes ecclé-siastiques & les noms des Saints. Il est aussi l'inventeur de l'arithmétique-décimale. Il mourut à Rome en   1476.

62. Le plus ancien livre avec des estampes en bois, est celui de *Vita Christi*, imprimé à Augsbourg, en   1476.

63. Le premier *Lombard*, ou *Mont de piété* comme on le nommoit alors, fut établi à Pérouse, par quelques citoyens charitables. Cet établissement fut d'abord imité par le Pape Sixte IV, qui en établit un à Savône; & on en a depuis établi par·tout ailleurs.   1479.

64. *Bartholome Diaz*, Portugais, découvrit le premier le cap de Bonne-Espérance, en 1486.

65. *Chrystophe Colomb*, Génois, passe ordinairement pour avoir découvert la quatrieme partie de notre globe, en 1492. La famille de *Boeheim* à Nuremberg, prétend que cette découverte est due à un de leurs ancêtres, nommé *Martin de Boeheim :* elle s'appuie sur le témoignage de *Pigophetta*, Auteur Espagnol & contemporain. La postérité ingrate l'a nommée d'après *Améric-Vespuce*, Florentin., & n'a pas fait mention de *Boeheim*, ni de *Colomb*.

66. *Vasa de Gama*, Portugais, est le premier qui a doublé le cap de Bonne-Espérance; il arriva aux Indes Orientales en   1497.

67. Les premieres montres de poche à ressorts furent fabriquées par un nommé *Pierre Hele*, à Nuremberg, en 1500; elle porterent

au commencement le nom des œufs de Nuremberg, parce quelles avoient une forme ovale; soixante-dix ans après, on les porta premierement en Angleterre.

68. *Pierre de Navarre*, Général Espagnols, a inventé les mines, dont on se sert pour l'attaque & la défense des places, en   1503.

69. *Sigmond de Maltitz*, Gentilhómme Saxon, est l'inventeur du brocard, pour piller la mine à l'eau, en   1505.

70. Le premier qui a rassemblé & publié un Recueil d'anciennes Inscriptions, est *Conrad Peutinger*, d'Augsbourg, vers ce temps-là.

71. *Sébastien Munster*, né à Ingelheim, dans le Palatinat, rétablit au commencement du seizieme siecle, l'usage des quadrans solaires.   1510.

72. L'art de graver à l'eau-forte, est de l'invention du célebre *Albert Durer*, mort en 1526. Son portrait de St. Jérôme, gravé de cette maniere, est de   1512.

73. La plante du tabac que les Espagnols ont trouvé dans le Jucatan, en 1520, n'a été d'usage en Europe que quelque temps après. Un Anglois, nommé *Rapheling*, est le premier qui ayant appris en Virginie à fumer du tabac, enseigna cette coutume aux jeunes gens en Angleterre. Quelques-uns qui se rendirent à Leyden pour y faire leurs études, la communiquerent ensuite aux Hollandois.

74. *Magellan* est le premier qui fit le voyage autour du monde, l'année 1519, en 1124 jours; 58 ans après, *F. Drake* le fit en 1056 jours; & 20 ans après lui, *Th. Cavendish* fit le même voyage en 777 jours. De nos jours, le fameux Cook l'a fait en beaucoup moins de temps.

75. L'ufage de la poudre à cheveux, dont on fe fert aujourd'hui, ne remonte pas au-de-là du milieu du feizieme fiecle. Avant cé temps, il n'y avoit que les comédiens feuls qui fe poudroient ; encore ne s'en fervoient-ils que fur le théâtre ; ils avoient grand foin de fe peigner & de fe dépoudrer quand ils en fortoient. 1540.

76. *Nicolas Copernic*, né à Thorn en Pruffe, Chanoine de Warmie, eft le pere de l'aftronomie chez les modernes, & l'Auteur d'un fyftême du monde, qui, par les obfervations & les expériences de plus de deux cents ans, a été trouvé vrai. Il mourut en 1543.

77. C'eft en Angleterre qu'on fit les premieres épingles de fil de laiton, vers l'an 1543. Les Dames fe fervoient auparavant de brochette de bois.

78. Le moulin, machine pour frapper les monnoies, fut inventé en Allemagne vers l'an 1559 ; il ne parut en France que 70 ans après.

79. L'anatomie du corps humain n'a été établie en Europe qu'au feizieme fiecle. *Jacques Carpenfis*, ou Barenger de Carpi, & *André Vafal* de Bruxelles, y ont beaucoup contribué. Cette fcience étoit prefque inconnue aux anciens, & paffoit encore pour un facrilege du temps de Charles-Quint, qui fit confulter les Théologiens de Salamanque, pour favoir fi, en bonne confcience, on pouvoit difféquer un corps humain, pour en connoître la conftruction. 1550.

80. Le *Papier-Timbré* eft une invention Efpagnole, & qui fut quelque temps après introduit dans les Pays-Bas, vers l'an 1555.

81. La Sibérie, quoiqu'en Terre-Ferme,

ne fut découverte qu'au milieu du feizieme fiecle, fous le regne du Czar Ivan Bafilides, par un nommé *Anika*, qui demeuroit aux environs d'Archangel, vers l'an   1560.

82. *Léonhard Fuchs*, Profeffeur à Tubinge, a renouvelé en Europe l'étude de la Botanique. Il eft mort en   1565.

83. *Jean Kepler*, Aftronome de l'Empereur Rodolphe, peut être regardé, avec raifon, comme le Reftaurateur de l'aftronomie moderne. C'eft lui qui, le premier, donna la vraie théorie de la vifion, de même que celle du flux & reflux de la mer. Il fut le premier qui trouva les ellipfes pour les orbites des corps céleftes ; de même les loix de l'attraction pour le mouvement de l'univers, que Newton a démontré après lui. Il étoit né à Wall en Souabe, le 22 Décombre 1571. C'eft le même *Kepler* qui a le premier imaginé le tube aftronomique à deux verres convexes. Il a encore remarqué la forme fexangulaire des flocons de neige, toujours relative à l'angle de 60 ou de 120 degrés.

84. *Louis de Berquen*, Gentilhomme Brabançon, né à Bruges, mit le premier en pratique la taille des diamants vers la fin du feizieme fiecle. Ayant éprouvé que deux diamants s'entamoient, fi on les frottoit un peu fortement l'un contre l'autre, il eut l'idée d'y former par ce moyen, des facettes régulieres. Il imagina enfuite des roues de fer, pour leur donner un entier poliment au moyen de la poudre qui étoit tombée de ces mêmes diamants.   1580.

85. Les *Patates*, ou pommes-de-terre, tirent leur origine d'Amérique ; le fameux F.

Drake en apporta les premieres en 1586. On ne les connoît en Allemagne que depuis 1650. C'eſt dans le Voigtlande où les premieres ont été cultivées ; en Hollande, elles n'ont été connues que depuis le commencement de ce ſiecle.

86. *François Viete*, né à Fontenay, eſt le premier qui a fait uſage des lettres dans les calculs algébriques,   1590.

87. Le *Opus mallei*, ou la maniere de graver ſur cuivre moyennant un marteau pointu, avec lequel on frappoit de petits points forts ou légers, ſuivant que l'ombre exigeoit de la force. Les premieres eſtampes ſont d'un nommé *Paul Flynt*, de l'an 1592.

88. Le compas de proportion a été inventé au commencement du dix-ſeptieme ſiecle, par *Joſt Byrge*, Mathématicien du Landgrave de Heſſe-Caſſel. On en trouve la premiere deſcription dans le Traité des Inſtruments mécaniques de *Lewis Hulſius*, de   1603.

89. La regle de proportion a été inventée environ quinze ans après, par *B. Bramer*, Architecte à Marbourg.

90. Le Tube aſtronomique, à un oculaire concave & un objeƈtif convexe, a été inventé par *Jean Lipperheim*, Allemand ; &, ſelon d'autres, par *Jacques Metius*, Hollandois, en   1609.

91. *Simon Mayer*, Aſtronome & Mathématicien du Marcgrave d'Anſpach, eſt le premier qui a découvert les quatre ſatellites de Jupiter, au mois de Novembre 1609. *Galilée* ne les apperçut que le 7 Janvier de l'année ſuivante,   1610.

92. *Chriſtophe Scheiner*, Jéſuite, obſerva le

premier les taches du soleil, au mois de Mai 1611. C'eſt le même qui ajouta au tube aſtronomique d'un oculaire concave & d'un objeƈtif convexe, un troiſieme verre, pour redreſſer les objets.

93. *Nicolas Briot*, François, eſt l'inventeur du balancier pour frapper les monnoies. Il le préſenta à la Cour des Monnoies à Paris, avec la preſſe, le coupoir & le laminoir. Son invention ne fut pas approuvée dans ſa patrie dans ce temps, 1617. Ce refus l'obligea de porter ſa machine en Angleterre, où il fut très-bien reçu & récompenſé. Trente ans après, cette machine fut ſubſtituée en France au marteau.

94. *Jean Baron de Néper*, mort en Ecoſſe ſa patrie, en 1618, a inventé les Logarithmes.

95. Les Anglois & les François ſe diſputent l'invention des papiers veloutés ou ſoufflés. Les François diſent que c'eſt un nommé *François*, gaînier de profeſſion, qui demeuroit à Rouen, qui l'a inventé vers l'an 1620.

96. L'invention des perruques appartient aux François ; c'eſt en 1620 que les premieres furent faites à Paris.

97. L'art d'imprimer des eſtampes eu différentes couleurs a été imaginé par un nommé *Loſtmann*, & perfeƈtionné par *Chriſtophe le Blond*, natif de Francfort-ſur-le-Mein. 1626.

98. *Corneille Drebbel*, payſan de Nord-Hollande, trouva le microſcope à deux verres. C'eſt le même Drebbel qui eſt l'inventeur des thermometres, l'an 1627.

99. *Guillaume Hervey*, Médecin Anglois, a découvert la circulation du ſang dans les corps des animaux, vers 1628.

100. C'étoit *Théophraste Renaudot*, Médecin, qui inventa les Gazettes ; il publia les premieres à Paris, en   1631.

101. Les Espagnols ont apporté du Pérou en Europe le *quinquina*, vers l'an 1640. Les Jéfuites lui donnerent d'abord leur nom, & le vendirent bien cher. Les Anglois apprirent les premiers à le bien préparer ; la Cour d'Efpagne acheta du Chevalier Talbot une préparation particuliere.

102. L'établiffement des poftes fut inventé en Allemagne, par *Lamorald de Taxis*, vers l'an .   1641.

103. *Galilée*, connu pour l'inventeur du télefcope aftronomique, & plus connu par le malheur que lui attira fon invention ; il découvrit les quatre fatellites de Jupiter & les taches du foleil. Il naquit à Florence en 1564, & mourut en   1642.

104. *Torricelli*, Médecin du Grand-Duc de Florence, inventa les tubes nommés après lui, *Tubes torricelliens*, vers l'an   1643.

105. Le premier *Café* vint en Europe par Marfeille, en   1644.

106. *Kénelme Digby*, Irlandois, eft le premier qui fit connoître la poudre fympathique, pour arrêter les hémorragies. Il acheta la préparation du vitriol d'un Moine à Rome, en   1646.

107. *Jean Hévelius*, Bourguemeftre à Dantzick, a fait les premieres cartes félénographiques.   1647.

108. La maniere de la gravure, qu'on nomme noire, eft de l'invention d'un Lieutenant-Colonel Heffois, nommé *de Siegen*, en   1648.

109. Ce font les Hollandois qui ont mis l'Europe dans le goût Chinois, de boire du thé ; le premier y fut apporté vers l'an   1650.

110. *Athanafe Kircher*, Jéfuite, eft l'inventeur du porte-voix. On le dit auffi l'auteur de la chambre-obfcure, qu'on a attribuée à Royer Bacon.   1652.

111. Otto *Guericke*, Bourguemeftre à Magdebourg, eft l'inventeur de la pompe-pneumatique, dont il fit voir les phénomenes furprenants à la Diete de Ratisbonne : c'eft encore lui qui donna la premiere idée de l'électricité, moyennant des globes de fouffre, dont il fe fervit pour faire fes expériences. Il s'avifa de même le premier, de fe fervir de la découverte des tubes torricelliens, pour obferver la pefanteur de l'air & les variations du temps qui en réfultent. L'invention du *Manométre* eft auffi de lui.   1650.

112. C'eft en Angleterre qu'on a inventé le métier de faire des bas, d'où il eft paffé en France : le premier y fut établi par *Jean Hindret*, en   1956.

113. *Chrétien Huygens*, né à la Haye le 14 Avril 1629, eft le premier qui a fait la découverte du quatrieme fatellite de Saturne, en 1655. L'invention des horloges à pendule eft due au même, 1657. C'eft le même qui fit la découverte de l'anneau de Saturne. Au même, on doit encore l'invention du microfcope d'une feule lentille,   1658.

114. La lumiere zodiacale fut obfervée la premiere fois en Angleterre, par le Docteur *Childré*, en   1659.

115. La transfufion du fang d'un animal dans un autre, eft inventée par *Chriftophe Wreem*, Profeffeur

Professeur à Oxfort. Il en proposa les moyens au célebre Boyle, en   1659.

116. Les habits uniformes des gens de guerre ont été introduits premièrement dans les troupes de France, sous le regne de Louis XIV, il y a un siecle passé.   1660.

117. *Grimaldi*, Jésuite, a donné aux taches de la lune la dénomination, qui est encore en usage aujourd'hui parmi les Astronomes, & l'a emporté sur celle qu'*Hevelius* leur avoit donnée quelques années auparavant.   1660.

118. La *Société royale* de Londres a été établie en 1660, par Charles II. *L'académie royale* des Sciences de Paris fut établie en 1672, par Louis XIV.

119. *Guter*, bourgeois de Nuremberg, est l'inventeur du fusil à vent, environ   1662.

120. L'Auteur du premier Journal des Savants, est un nommé *Houdeville*; il publia le premier volume de cet ouvrage périodique en   1665.

121. *Olaüs Ræmer*, né à Arhus en Danemarck, le 25 Septembre 1644, fut le premier qui s'apperçut que la lumiere avoit un mouvement successif; il calcula qu'elle parcouroit chaque minute quatre millions de lieues. 1670.

122. *François Richer*, François, est le premier qui fit la découverte, que les corps étoient moins graves sous l'équateur, que dans les autres endroits de la terre; qu'une livre de poids à Paris n'étoit plus une livre à Cayenne; qu'une pendule qui battoit les secondes à Paris, devoit être raccourcie pour les battre à Cayenne; il y fit cette découverte en   1672.

123. *Picard* trouva par hasard le phénomene du barometre phosphore, & quelque temps après, *Bernouilli* le perfectionna, en   1675.

L

124. Le phosphore hermétique est dû à *C. A. Baudouin*, Baillif à Haynichen en Saxe.

125. C'est *Brand*, Chymiste Allemand, qui a inventé le phosphore artificiel brûlant, vers le même temps.

126. *Barlow* fit en Angleterre les premieres montres & pendules à répétition, en 1676.

127. *Simon Pauli*, de Rostock, a trouvé le secret de blanchir les os, dont on se sert pour faire des squelettes, vers ce temps.

128. *Fréderic Ruisch* a fait les premieres injections dans les visceres d'anatomie.

129. l'Abbé *Gaetano-Guillo-Zambo*, Sicilien, est l'inventeur des anatomies en cire.

130. Le Baron *de Tschirnhausen*, né à Lissingwall dans la Lusace, le 14 Avril 1651, est l'inventeur des verres ardents, & des grands miroirs concaves, qui n'étoient pas inconnus à Archimede. Il les publia en 1680.

131. *George-Samuel Dœrfel*, Pasteur Luthérien à Plauen dans le Voigtlande, est le premier qui a démontré l'orbite parabolique des cometes, dans un Traité publié en 1680.

132. *J. D. Cassini*, en observant Vénus, en 1672 & 1682, s'apperçut d'un point lumineux autour de cette planete, & qu'il prit pour son satellite. En 1740, *Schrot* à Londres, observa le même phénomene à diverses reprises. En 1761, *Montaigne* vit à Montpellier ce satellite encore plus distinctement. *Roedkiær*, à Copenhague, l'observa de nouveau le 3, 10 & 11 Mars 1764. Malgré toutes ces observations, le fameux Astronome *Hell* ne le prend que pour une vision optique.

133. *Chrétien Leibnitz*, né à Leipzig le 23

Juin 1646, a inventé le calcul différentiel, & en a donné la description, en 1684.

134. *Isaac Newton* trouva en même-temps ce calcul différentiel ; outre cela, on lui est redevable de la théorie de la lumiere & des couleurs, du développement des loix de l'attraction, du télescope à réflexion, & de plusieurs autres découvertes importantes dans l'Astronomie &c. Il étoit né à Wolstrope le 25 Décembre 1642, & mourut à Londres le 20 Mars 1727.

135. Les premiers paysages en pastel furent faits par un nommé *Alex. Thiel*, né à Erfurt, & établi ensuite à Dresde, en 1685.

136. L'art de faire des fausses perles de la matiere argentine, qu'on retire des écailles de l'Able, est due à un François, nommé *Jannin*, en 1686.

137. *Papin* est l'inventeur de la machine, nommée le *Digesteur*, dont se servent les Chymistes, pour amolir les os dans l'espace de quelques secondes ; il en donna la description en 1688.

138. Les chameaux, gros bâtiments plats, dont on se sert pour faire passer les plus gros vaisseaux sur les bas-fonds de Pampus, en sortant du port d'Amsterdam, ou ailleurs, sont de l'invention de *Miewes-Meindertz-Backker*, bourgeois d'Amsterdam : l'Amirauté lui en accorda une pension à vie. 1690.

139. *François Thevart*, François, est l'inventeur des glaces coulées, pour les grands miroirs ; il fit les premieres vers ce temps-là.

140. *Thoinet-Arbeau* est l'inventeur de la Chorégraphie, ou de l'art de noter les pas de la danse.

141. *Claude Briaque* fut le premier qui grava sur le diamant.

142. L'éludorique, ou la façon de peindre sur l'eau avec des couleurs détrempées par l'huile, est de l'invention de *Vincent de Mont-petit*.

143. *Greil* de Nuremberg, est l'inventeur du tonneau à double fond; l'un rempli d'eau, & l'autre de poudre à tirer, pour éteindre le feu.

144. *Pfannen Schmid*, Orfevre à Quedlinbourg, est l'inventeur de l'art d'affiner l'or & l'argent, par la voie seche.

145. Le bleu de Berlin fut trouvé au commencemet de ce siecle, par un nommé *J. C. Dippel*. Pendant quelque temps, il fut un secret, présentement on le fait partout. 1700.

146. La porcelaine de Saxe a été inventée par un garçon Apothicaire, nommé *Boetticher*; il trouva ce secret en cherchant une composition pour en faire des creusets. La premiere porcelaine étoit brune, on en fit de la blanche en 1709.

147. *Bartholomée Gusmao*, Jésuite, fit construire à Lisbonne, en 1729, un aérostat en forme d'oiseau, & le fit monter par le moyen d'un feu allumé en présence du Roi, de la Reine, & un grand nombre de spectateurs. Malheureusement, en montant, il se heurta contre une corniche, se déchira, & retomba à terre. L'inventeur se proposa de renouveler son expérience; mais le peuple l'avoit annoncé à l'inquisition comme un sorcier. Il se retira en Espagne, & mourut dans un hôpital.

148. *Du Fay*, de l'Académie de Paris, est le premier qui apperçut le surprenant phénomene de la rosée, qui, en descendant, tombe

bien sur le verre, sur la porcelaine, sur le fer brut & rouillé, pendant qu'il n'en tombe point du tout sur l'or, ni sur l'argent doré ou bruni, ni sur le cuivre rouge. Il publia le mémoire de cette découverte en 1736.

149. La premiere *Société d'assurance* pour les incendies, fut établie dans l'Électorat d'Hanovre. Celles de Londres & de Paris ne datent qu'environ de l'an 1740.

Mais les véritables inventeurs des Assurances, furent les Juifs plusieurs siecles auparavant, dans les temps que les Chrétiens avoient en horreur l'intérêt de l'argent : on n'est plus si délicat aujourd'hui. En 1523, on dressoit déja à Florence des Polices d'Assurances.

150. Il y a environ quarante ans qu'on a trouvé en Allemagne la maniere de convertir la tourbe en charbons ; & les fourneaux qu'on emploie pour cet effet, ont été inventés dans le Comté de Wernigerode quelque temps après 1748.

151. C'est à *Bradley*, Anglois, qu'on doit la découverte de l'aberration, ou des variations irrégulieres des étoiles fixes. Il en donna la théorie en 1727 & en 1737 : celle de la découverte de la variation de l'inclinaison de l'axe de la terre sur le plan de l'écliptique, dont le période est de neuf ans.

152. Le *Mycroscope solaire* est de l'invention du Docteur Lieberkuhn à Berlin en 1740. Jacques Grégori a corrigé le télescope à réflexion de Newton.

153. Le phénomene de la commotion électrique, ou l'expérience de Leyde, a été trouvé par *Cuneus*, au commencement de l'année 1749. La même expérience a été déja faite auparavant.

en Allemagne, en 1745, par le Baron de Kleist. On peut même voir dans *Pline, Lib. II*, que ce Naturaliste avoit déja connoissance du feu électrique.

154. L'invention des aimants artificiels est due à *Canton*, Anglois; il a rendu publique cette découverte en 1752.

155. Le globe de compression, dont on fait usage aux sieges aujourd'hui, est de l'invention de *Bélidor*, Ingénieur François.

156. *Dolland*, à Londres, a fait le premier les nouvelles lunettes à triple objectif, dont l'oculaire est un verre concave, & l'objectif est composé de trois verres, desquels celui du milieu est un verre concave des deux côtés, & les autres sont convexes, appliqués presqu'immédiatement sur les deux concavités de celui du milieu. C'est sur une démonstration du Professeur *Euder*, que *Dolland* se servit de deux sortes de verres, connu en Angleterre sous le nom du *Flintglass* & du *Crownglass*; dont le premier a la propriété singuliere de produire dans les différents rayons de lumiere une dispersion beaucoup plus grande que ne fait le *Crownglass*, ou le verre ordinaire; l'invention est depuis 1756. La composition de la lunette d'approche, nommé *Œil-du-chat*, dont se servent les marins sur mer dans le temps de brume & de brouillard, est attribuée au même.

157. Le professeur *Zeiher* à Wittemberg, trouva depuis ce temps, par le mélange du minium & du cailloux, une matiere de verre d'un effet encore plus surprenant que n'est le *Flintglass*, ayant la réfraction moyenne en raison de 2018 à 1000, & la dispersion à celles du verre commun, comme 4800 à 1000. Une lunette de vingt-un pouces;

faite de ce verre à la façon de Dolland, doit
produire un meilleur effet qu'une lunette astro-
nomique ordinaire de trente pieds.

158. *Picault*, à Paris, a trouvé l'art de trans-
porter sur une toile neuve les anciens tableaux,
après les avoir enlevés, sans les endommager,
de-dessus la toile, la pierre, le bois, &c.

159. Le fameux Naturaliste *Linnæus* a découvert de quelle maniere on peut nourrir les huîtres
à perles, pour augmenter le volume des perles;
il en a présenté à la Reine de Suede d'une grosseur
extraordinaire, en   1760.

160. L'art de graver l'architecture dans le
goût du Lavis, est de l'invention de *Barabé*,
Parisien, de l'an   1761.

161. Le professeur *Gerlach*, à Vienne, a inventé
depuis peu, une balence, au moyen de laquelle
on peut évaluer, dans la plus grande justesse,
la force du vent le plus impétueux.   1763.

162. MM. *Harrisson*, à Londres, ont inventé
une pendule pour déterminer la longitude sur
mer, qu'ils ont appelée *Garde-temps*; à laquelle
le pere & le fils ont travaillé pendant quarante
ans. On en a fait l'épreuve par le vaisseau de guerre
le *Tartare*, dans un voyage de Portsmouth à l'isle
Barbade & de retour; pendant ce trajet, l'instru-
ment a satisfait à ce que l'acte du Parlement de-
mande; la moitié du prix, dix mille livres ster-
ling, en a été payée à M. *Harrisson* fils, en 1764.

163. *Tobie Mayer*, né à Ulm en Suabe, est
l'Auteur de l'immortel Ouvrage & du chef-d'œuvre d'exactitude des *Tables lunaires*, dont se servent aujourd'hui les Astronomes & les Marins,
dans leurs calculs des longitudes; elles ont méri-
té, après la mort de l'Auteur, à ses héritiers,
une récompense de trois mille livres sterlings, dont

Le Parlement d'Angleterre les a gratifiés.   1765.

164. En Angleterre, on a fait la découverte
de la propriété de la fciure du bois de chêne,
pour tanner les cuirs. En Irlande, on trouva la
propriété de la bruyere, pour les préparer, dans
la même année, en   1766.

165. Depuis long-temps, on cherche, pour le
bien-être des Marins, les moyens de rendre l'eau
de la mer potable. Par les expériences qu'on en a
faites depuis quelques années, il paroît que fi on
n'a pas trouvé tout-à-fait les moyens defirés,
l'on eft bien près du but. La machine que M.
Poiffonnier a inventé pour cet effet, a déja rendu
de grands fervices aux deux frégates Françoifes
qui en ont fait ufage ; l'*Enjouée*, pendant un trajet
de cinq mois ; & l'autre, avec laquelle M. *de
Bougainville* a fait un voyage autour du monde
pendant deux ans & demi ; la premiere n'eut
aucun malade dans fon trajet, & l'autre n'eut que
fept morts. On attribue cette confervation extraordinaire de l'équipage à la quantité d'eau défa-
lée par ladite machine.   1769.

166. Le Parlement d'Angleterre a accordé, en
1772, au Sr. *Irvine*, une prime de cinq mille
livres fterlings, pour la même invention ; on
dit qu'elle approche beaucoup de celle du Sr.
Poiffonnier. En attendant qu'on vante beaucoup
ces inventions, & qu'on en paie même des primes,
on ignore fi l'effet répond au but propofé.

167. Le Sr. *Kleinfchmidt*, Géometre du Landgrave de Heffe-Caffel, vient d'inventer une inftrument très-utile, pour mefurer d'une ftation un
terrein de trois lieues d'étendue, & le porter
avec le même inftrument fur le papier avec la plus
grande jufteffe. Il eft encore à obferver que cet
inftrument eft d'une conftruction fi fimple, qu'un

homme sans expérience dans l'Arpentage pourroit, sans avoir besoin de beaucoup d'instruction, en faire usage avec toute la justesse requise. Cette invention peut être d'une grande utilité aux Arpenteurs, aux Ingénieurs, à ceux qui levent des Cartes géographiques & topographiques, &c. On construit présentement de ces instruments d'après l'original.   1770.

168. Le Sr. *F. X. Hoffmann*, Bavarois, est connu comme l'inventeur des regles & des principes qu'on dit incontestables ; suivant lesquels on peut apprendre à lire aux enfants dans un temps de trente heures, & à une personne d'un âge mur, en moins de temps, comme il l'a prouvé devant les commissaires établis pour en juger par les preuves. Il est dommage, pour le bien public, que cette invention ne soit pas plus connue.   1772.

169 Pendant la guerre d'Angleterre avec ses colonies d'Amérique, & la derniere avec la France, on a inventé en Angleterre une nouvelle façon de canons, qu'on a nommé *Caronades*, qui tirent des balles de 60 à 100 liv. de poids ; au-lieu que les plus pesants, dont on s'est servi auparavant, ne tirent des balles que de 48 liv. de poids ; & on assure que les caronades sont aussi faciles à mouvoir, que les canons qui tirent des balles de 34 liv.   1781.

170. M. *de Kemplen*, Hongrois, a inventé une machine, ou automate, qui joue le jeu des échecs avec une personne vivante ; elle répond aussi à toutes les questions qu'on lui fait, par des lettres bien arrangées, qui donnent des réponses bien satisfaisantes. Il voyage présentement pour faire voir aux curieux de l'Europe cette invention.   1782.

171. M. *de Vaucanson* est l'inventeur du nouveau moulin, pour tordre la soie plus égale que l'on

ne faifoit en Piémont & en d'autres villes d'Italie, avant qu'on eût établi ces moulins à Aubénas ; depuis ce temps, la France fe paffe des *Organfins* étrangers, qui lui épargne des millions par ans. Il a auffi inventé un métier pour la fabrique des étoffes de foie, qui, pour le mouvoir, n'a befoin que des bras d'un enfant. Il eft mort depuis peu à Nuremberg.   1783.

172. MM. *Etienne* & *Jofeph de Montgolfier* inventérent ou renouvelérent le ballon aéroftatique. La premiere expérience en public fe fit à Annonay, le 5 Juin 1783 ; & le premier voyage aéren fe fit à la Muette, près de Paris, le 21 Novembre de la même année. Les premieres épreuves du renouvellement font dues aux freres de *Montgolfier*. MM. *Charles* & *du Rozier* ont contribué à fa perfection. *Du Rozier* & *Robert* furent les premiers facrifices de cette invention dangereufe, le 15 Juin 1785. M. *Blanchard*, de Boulogne, l'a emporté fur tous les autres : il a non-feulement fait le voyage d'Angleterre en France, & paffé le canal en l'air ; il a fait depuis ce temps encore vingt voyages aériens, avec célébrité.

173. Le célebre Aftronome & Philofophe *Euler* a obfervé., que chaque année étoit quelques minutes plus courte que la précédente : & ce fait paroît fe confirmer par les expériences aftronomiques les plus exactes ; ce qui paroît prouver que la terre, d'un an à l'autre, fait fon tour autour du foleil en moins de temps.

174. M. *Herfchel*, célebre Aftronome Anglois, a fait la découverte d'une nouvelle Planete dans notre fyftême folaire ; à cette Planete on a donné fon nom. Elle eft invifible à l'œil fimple.   1785.

Il a fait encore la découverte de 1300 étoiles

nébuleuſes, & a déterminé leur ſituation. Il croit que ce ſont des étoiles fixes, & autant de ſyſtêmes ſolaires tel que le nôtre.

Ce même célebre Obſervateur a auſſi remarqué, à la côte obſcure de la lune, un point luiſant, qu'il croit être le feu d'un volcan. *Halley* veut avoir obſervé des éclairs dans la lune. *Bianchi* y veut avoir trouvé une lumiere qui paſſe par la tache qu'on nomme *Platon*, qu'il prend pour les rayons du ſoleil, qui tombent par un trou à côté de ladite tache. *Don Ulloa* y a obſervé un trou qui paſſe à travers du corps de ce ſatellite.

D'autres Savants nous diſent, que c'eſt à préſent un corps glacé, ſur lequel il n'y a plus d'êtres organiſés.

De tout cela, il paroît que nous commençons premièrement à mieux connoître notre ſatellite & compagnon, qui nous eſt ſi près, en comparaiſon des autres planetes & des étoiles fixes.

F I N.

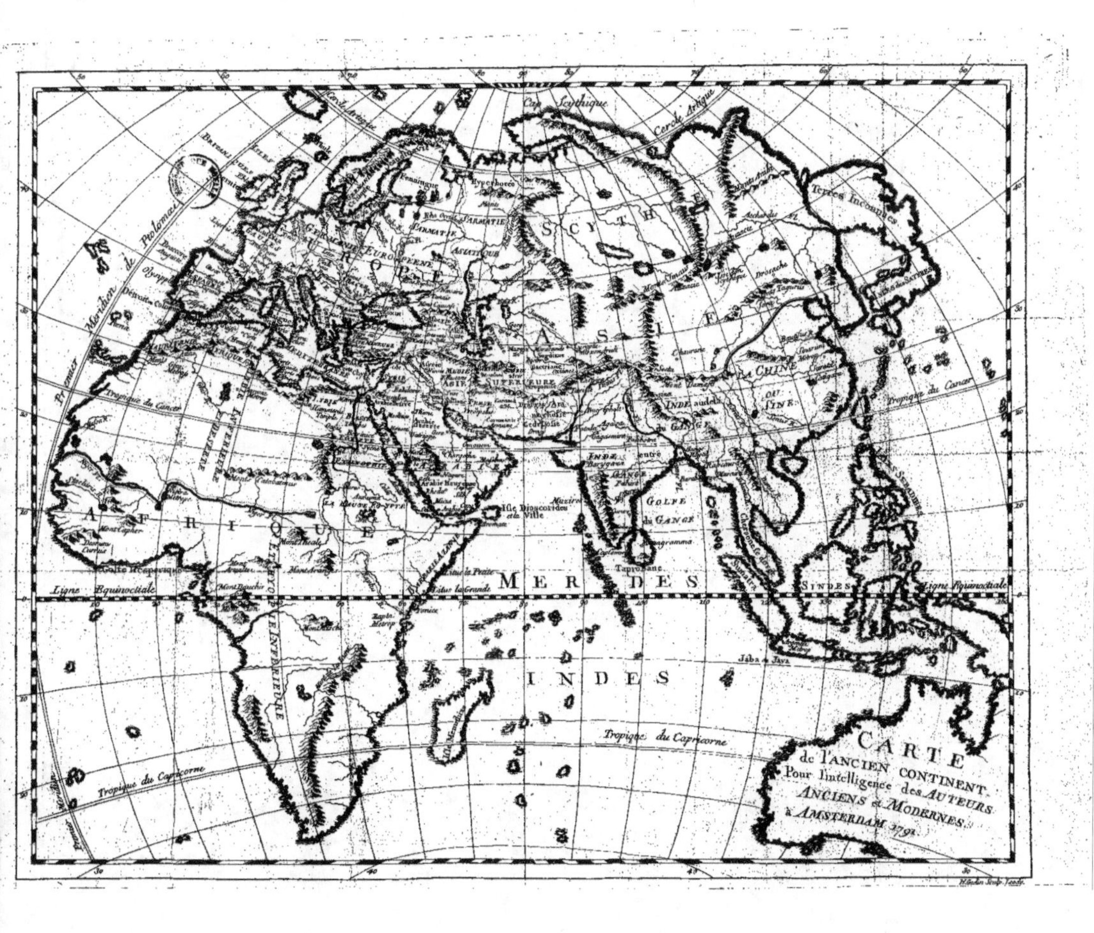

CARTE
de l'ANCIEN CONTINENT
Pour l'intelligence des AUTEURS
ANCIENS et MODERNES
à AMSTERDAM 1791
Cap Scythique
Cercle Artique
Terres Incognues
SCYTH
SARMATIE ASIATIQUE
EUROPE EUROPEENNE
ASIE
LA CHINE
OU SINE
INDE au delà du GANGE
AFRIQUE
Méridien de Ptolomée
Tropique du Cancer
ARABIE
EGYPTE
Isle Dioscoride ou la Ville
GOLFE du GANGE
Taprobane
MER DES INDES
MER DES
INDES
Ligne Equinoctiale
Ligne Equinoctiale
Tropique du Capricorne
Tropique du Capricorne
Jaba ou Java
Sumatra
SINDES